Samer Tannous wurde in 1970 in Al-Bayda (Syrien) geboren. Nach seinem Studium der Französischen Literatur arbeitete er von 2007 bis 2015 als Dozent an den Universitäten Damaskus und Hama. Seit 2015 lebt er mit seiner Frau und seinen beiden Töchtern im niedersächsischen Rotenburg (Wümme) und unterrichtet seit Sommer 2016 als Französischlehrer an verschiedenen Schulen.

Gerd Hachmöller, Jahrgang 1972, studierte Wirtschaftsgeografie und Volkswirtschaftslehre. Er ist als Stabstellenleiter im Landkreis Rotenburg (Wümme) unter anderem für das Thema Migration zuständig und als Coach, Teamentwickler und Dozent im Bereich der Migrationsarbeit tätig. Gerd Hachmöller lebt in Rotenburg (Wümme), ist verheiratet und hat drei Kinder.

Gekommen, um zu bleiben: Die Fortsetzung des SPIEGEL-Bestsellers

Als Samer Tannous mit seiner Familie nach Rotenburg an der Wümme kam, wusste er noch nicht, wie weit die kulturellen Unterschiede zwischen Syrern und Deutschen reichen, mit welchen Skurrilitäten er zu rechnen hatte. Nun, nach einigen Jahren in Deutschland, ist der Erstkontakt mit den Landsleuten zwar geglückt. Doch hält das Leben in der neuen Heimat noch immer jede Menge Überraschungen bereit. In den neuen Texten ihrer beliebten SPIEGEL-Kolumne schreiben Samer Tannous und Gerd Hachmöller darüber, was Helene Fischer mit Meinungsfreiheit zu tun hat, warum Schuhsohlen im deutschen Fernsehen zu Missverständnissen führen und was passiert, wenn ein syrischer Vater sich in Deutschland mit exotischen Vokabeln wie »Geburtsvorbereitungskurs« auseinandersetzen muss. Unterhaltsam, aufschlussreich und unvergleichlich charmant.

Außerdem von Samer Tannous; Gerd Hachmöller lieferbar:
Kommt ein Syrer nach Rotenburg (Wümme)

Samer Tannous;
Gerd Hachmöller

Lebt ein Syrer in Rotenburg (Wümme)

Neue Versuche, meine
deutsche Heimat zu verstehen –
Ein SPIEGEL-Buch

PENGUIN VERLAG

Die Texte dieses Buches sind als Kolumne bei SPIEGEL+ erschienen
und wurden für die Veröffentlichung aktualisiert und überarbeitet.

FSC www.fsc.org MIX Papier | Fördert gute Waldnutzung FSC® C083411

Klimaneutral* Druckprodukt ClimatePartner.com/14044-1912-1001

Penguin Random House Verlagsgruppe FSC® N001967

1. Auflage 2022

Umschlag: Büro Jorge Schmidt, München
Umschlagmotive: © Bernd Wiedemann, Stockdorf
Satz: Vornehm Mediengestaltung GmbH, München
Druck und Bindung: CPI books GmbH, Leck
Printed in Germany 2022
ISBN 978-3-328-10895-5

www.penguin-verlag.de

Inhalt

Für die Pflegekräfte im
Agaplesion-Diakoniekrankenhaus Rotenburg

Vorwort

»Kommt ein Syrer nach Rotenburg (Wümme)? Das hört sich an wie der Anfang eines Witzes!«, so das Feedback einiger Leser zum Titel unseres ersten Buches. Vielleicht nicht die schlechteste Reaktion, auch wenn nicht alle unserer Texte witzig sind. (Ein paar aber hoffentlich schon, wie zum Beispiel der über die Fahrt im Servis.) Das zweite Buch, mit dem wir zwei Jahre später aufwarten, trägt nun den Titel: »Lebt ein Syrer in Rotenburg (Wümme)«. Hört sich weniger witzig an, aber uns ist das Lachen trotzdem nicht vergangen. Jedes Mal, wenn wir sonntagmorgens gemeinsam auf der Couch in Samers Wohnzimmer sitzen, um Kolumnen zu schreiben, lachen wir viel miteinander. Und auch wenn wir gemeinsam zu Workshops und Lesungen fahren, machen wir Witze, um uns die Zeit zu vertreiben. Auch weil Samer nicht schlafen kann, wenn Gerd am Steuer sitzt. Wir lachen über das merkwürdige Verhalten germanischer Ureinwohner, über »Kanakenautos«, über Samers Leidensgenossen im Krankenhauszimmer, über den weltgrößten »CR7«-Fan (Samers ältere Tochter), über Zuschriften oder über uns selbst. Manchmal diskutieren wir auch kontroverse Themen, sprechen über Umweltschutz oder Gleichberechtigung, stellen gemeinsam fest, dass wir alt geworden sind, und schwelgen in Melancholie. Einmal hatten wir sogar ein bisschen Drama, als Samer im Sommer 2021 einen Herzinfarkt erlitt. Und das, obwohl er einige Wochen zuvor »wie ein Deutscher« begonnen hatte, regelmäßig zu joggen.

Jedenfalls ging uns der Gesprächsstoff ebenso wenig aus wie die Themen für neue Kolumnen, deshalb haben wir einfach immer weitergeschrieben. Wir freuten uns stets auf unser sonntägliches Wiedersehen, zu dem uns Samers Ehefrau Hala arabischen Kaffee kocht, Samers entzückende Töchter ihre neugierigen Nasen durch den Türspalt stecken, wir gemeinsam über die Kommentare unserer Leserinnen und Leser im Internet sprechen, neue Termine für Lesungen und Workshops planen und dann schließlich die Kolumne für SPIEGEL+ verfassen. Oft werden wir von Lesern gefragt, wie diese Texte eigentlich entstehen, was wir gerne beantworten wollen. Der Produktionsprozess läuft wie folgt:

Samer schafft es trotz zunehmendem Stress bei der Arbeit als Lehrer und paralleler Lehrerfortbildung, sich jede Woche Notizen zu machen über seine Beobachtungen, Erlebnisse und Gefühle in diesem Land. Diese schreibt er auf Arabisch in eine große Kladde. Es ist inzwischen ein riesiges Sammelsurium von Eindrücken, die mal mehr und mal weniger zusammenhängen.

Wenn wir sonntagmorgens alle anderen Dinge besprochen haben, fragt Gerd schließlich: »Alors, Monsieur – über was wollen wir diese Woche schreiben?« Meist hat Samer dann einen Vorschlag für ein Thema und manchmal auch mehrere, aus denen wir eines auswählen.

Samer beginnt dann, in seiner Kladde vor- und zurückzublättern, und erzählt verschiedene Dinge zu einem bestimmten Erlebnis oder Thema. Gerd hat inzwischen sein Notebook hochgefahren und schreibt Stichworte und Sätze auf, manchmal hört er auch erst mal nur zu. Zwischendurch stellt Gerd Verständnis- oder Vertiefungsfragen, wenn er etwas nicht genau verstanden hat oder aus einer Beobachtung noch etwas mehr Inhalt herauskitzeln möchte. Gelegentlich korrigiert er auch, wenn er glaubt, dass ein Missverständnis vorliegt. Ab und zu sind unsere Meinungen zu einem Thema nicht deckungsgleich, was zu Diskussionen führt, die wir dann textlich verarbeiten.

Manchmal folgt unser Dialog dem Muster: »Syrer sehen das meist soundso« – »Viele Deutsche sehen das soundso«. Wenn ein Thema allerdings zu strittig erscheint, lassen wir es fallen und bedienen uns eines anderen Inhalts aus Samers unerschöpflichem Fundus.

Nach ungefähr zwei Stunden klappt Gerd sein Notebook zu, genießt noch den unvermeidlichen Abschiedskaffee und fährt nach Hause zum Mittagessen. Am Nachmittag schreibt er dann den ersten vollständigen Entwurf. Dabei würzt er oft noch mit einer Prise Humor, gewichtet Inhalte oder webt Details zur deutschen Gesellschaft ein.

Abends geht der Entwurf noch mal per E-Mail zu Samer, und erst wenn wir beide den kompletten Text innerlich unterschreiben können, sendet Gerd ihn an die SPIEGEL+-Redaktion. Diese schlägt gelegentlich noch kleinere Korrekturen vor, ergänzt ein Bild und die Überschrift sowie einen kurzen Anreißertext und stellt die Kolumne einige Tage später ins Netz.

Die Kolumnen vom Sommer 2018 bis zum Frühjahr 2020 sind in überarbeiteter Form im ersten Band erschienen, die meisten der Kolumnen seit Sommer 2020 liegen Ihnen in diesem Buch vor. Zwei Kolumnen aus dieser Zeit wurden für die Taschenbuchausgabe des ersten Bandes ausgekoppelt, das im April 2021 erschienen ist.

Die Texte sind in der Ich-Form aus Samers Perspektive geschrieben, auch wenn sie inhaltlich durch Gerd ergänzt und überarbeitet sind. Wir möchten aber betonen, dass unsere Texte natürlich subjektiv sind und damit nicht repräsentativ für andere Zuwanderer. Hier blickt Samer in den Spiegel und erkennt gemeinsam mit Gerd viele Unterschiede und Gemeinsamkeiten zwischen seiner arabischen Prägung und der deutschen Gesellschaft. Nicht mehr und nicht weniger.

Deutschland hat Samer seine Türen geöffnet. Und er versucht, diese Gesellschaft zu verstehen und sich zu integrieren, ohne dabei seine eigene kulturellen Wurzeln über Bord zu werfen. Gleichzeitig halten wir mit den Texten auch den Deutschen einen Spiegel vor, die darin eigene Besonderheiten und Merkwürdigkeiten erkennen können. Wir landen immer wieder beim algerischen Autor Kamel Daoud: »Kulturelle Unterschiede zu leugnen, ist keine Lösung. Sie bewusst ins Auge zu fassen, ist der Beginn einer Lösung.« Vielleicht tragen wir in diesem Sinne auch etwas zur Integration von Zuwanderern in Deutschland bei.

In einer der letzten Kolumnen, die wir für dieses Buch geschrieben haben, ging es um das Thema Stempel. Noch immer benötigt Samer einen Stempel der deutschen Botschaft im Libanon auf seiner Geburtsurkunde. Nachdem er die Leserkommentare zu diesem Text im Internet gelesen hatte, sagte er, er benötige diesen Stempel nun nicht mehr. Die Worte unserer Leser seien wie ein Stempel auf seinem Herzen, dass er jetzt »dazugehört«. Vielleicht geht es auch darum in diesem Buch.

Manchmal werden wir gefragt, wie lange wir noch Kolumnen schreiben wollen. Das fragen wir uns auch manchmal selbst. Wir fühlen uns wie ein Bäckerteam, das für sein Stadtviertel Brot backt. Der eine liefert die Zutaten, der andere mengt sie zusammen, der SPIEGEL schiebt das Brot in den Ofen. Solange der morgendliche Duft unserer Brote noch das Stadtviertel erfreut, werden wir weitermachen. Wenn wir merken sollten, dass die Qualität unserer Backwaren nachlässt, so haben wir uns versprochen, hören wir auf.

Rotenburg, im Juni 2022

Aus weniger wird mehr

Das Wort »Entbehrung« ist bei mir eng verknüpft mit Erinnerungen an meine Kindheit. Das sage ich ohne Bitterkeit, lehrt uns doch erst der Verzicht die Wertschätzung.

Ob Sie es glauben oder nicht – als ich in diesem Jahr erstmals in Deutschland mit meinem eigenen Auto zur Arbeit gefahren bin, habe ich nach dem Aussteigen den Wagen gestreichelt. Fast hätte ich ihn auch geküsst. Wenn mich jemand in diesem Moment gesehen hätte, wäre ihm die Szene seltsam vorgekommen. Jahrelang pendelte ich mit Fahrrad und Zug – auch bei Regen. Nun endlich haben wir ein eigenes Auto, endlich besitze ich einen Führerschein. Meine Gefühle hätte nur nachvollziehen können, wer ebenfalls mit fünfzig Jahren zum ersten Mal mit dem eigenen Auto zur Arbeit fährt.

Auch meine Frau genießt inzwischen das Fahren, nachdem sie anfangs noch etwas ängstlich war. Kürzlich saßen wir gemeinsam im Auto, als Hala sagte, was für ein Vergnügen das Autofahren doch sei. Im Wagen hinter uns fuhr griesgrämig ein alter Mann. Hala fragte ironisch, ob der Mann wohl auch so ein Hochgefühl erlebe wie wir?

Vergangene Woche hatte ich Rückenschmerzen. Ich sah im Internet nach, was man dagegen unternehmen könnte. Ich fand einige Übungen, die sich für einen alten Syrer jedoch als sehr herausfordernd herausstellten. Ich konnte nicht einmal meine Fußspitzen mit den Händen berühren. Unsere jüngere Tochter Cilina, die sehr gelenkig ist, wollte mir helfen. Sie brachte mir bei, wie man Dehnübungen macht. Sie kennt das aus dem Sportunterricht.

Ich ärgerte mich darüber, dass ich in meiner Kindheit so etwas nicht gelernt hatte. Sportunterricht hieß für uns, nach draußen geschickt zu werden, um dort herumzutoben. Es war kein wirklicher Unterricht. Manchmal haben wir dann heimlich Fußball auf dem harten und unebenen Asphalt gespielt. Der Schulleiter lebte in einem Nachbarhaus, von dessen Balkon er auf den Hof sehen konnte. Er konnte es ebenso wenig leiden wie unsere Eltern, dass wir Fußball spielten. Wir sahen stets ängstlich zu seinem Balkon hoch, wenn wir kickten.

Tags darauf sagte der Schulleiter dann streng zu uns im Unterricht: »Wer von euch gestern im Schulhof Fußball gespielt hat, geht jetzt sofort an die Tafel!« Da Lügen in diesem Moment zwecklos waren, stand einer nach dem anderen auf und schlich wie ein begossener Pudel zur Tafel.

Wenn ich nach der Schule im Dorf mit den Nachbarjungs kicken wollte, mussten wir entweder auf einen Jungen aus einem reichen Elternhaus warten, der einen Fußball besaß, oder uns mit irgendwelchen fast luftleeren Pillen begnügen. Dennoch war Fußball das Größte für mich.

Was für ein Gegensatz zu unserem heutigen Leben in Deutschland. Wenn ich unsere Tochter Christina zu einem Spiel ihres Vereins bringe, sehe ich Eltern, die ihre Kinder vom Spielfeldrand anfeuern und denen Freudentränen in die Augen steigen, wenn ihr Sohn oder ihre Tochter ein Tor schießt. Beim Aufwärmen liegen zwanzig Fußbälle auf dem Rasen, mehr, als es Spieler gibt. Alle Bälle sind von hoher Qualität und fast neuwertig. Dennoch bricht keines der Kinder angesichts dieses unglaublichen Luxus in Jubel aus. Warum ist das so?

Als Kind besaß ich nie einen echten Fußball. Ich weiß noch

genau, wie meine Mutter eines Tages mit mir in die Stadt fuhr, um mir einen Ball zu kaufen. Es war kein richtiger Fußball, sondern nur ein einfacher Plastikball aus China. Aber für mich war er fantastisch. Ich hielt den Ball die gesamte Busfahrt vor meinen Mund und kann bis heute diesen Plastikgeruch nicht vergessen. Meine Freude war unermesslich. Nachts lag der Ball neben meinem Kopfkissen. Ich hatte das Gefühl, mir gehöre die ganze Welt.

Ich besaß als Kind stets nur ein Paar Schuhe. Ich pflegte sie gewissenhaft, denn neue Kleidung gab es höchstens zu Weihnachten oder zu Ostern. Ich entwickelte eine sehr intensive Beziehung zu meinen Schuhen und habe auf sie aufgepasst wie auf meinen Augapfel. Heute haben meine Kinder jeweils zehn Paar Schuhe im Schrank. Wenn sie alt sind, werden sie weggeworfen und neue gekauft. Ich denke nicht, dass meine Töchter eine Beziehung zu ihren Schuhen haben.

Kürzlich ging ich nach der Arbeit noch hinaus, um eine Runde zu laufen. Dabei kann ich immer gut die Gedanken schweifen lassen. Ich dachte an meine Kindheit und die Entbehrungen dieser Zeit. Aber ich blickte nicht mit Argwohn zurück. Ich erkannte, dass mir diese Entbehrungen erst echte Wertschätzung für viele Dinge im Leben ermöglicht haben. Es war eine gute Kindheit. Als ich zurück in unser Viertel kam und die Stille dieses Abends bemerkte, wollte ich schreien. Ich unterdrückte den Impuls gerade noch rechtzeitig, um von meinen deutschen Nachbarn nicht als völlig durchgeknallt abgestempelt zu werden. Ich wusste nicht, wohin mit meinen Gefühlen. Der Schriftsteller Guy de Maupassant sagte einst: »Ich beneide die Hunde, die draußen bellen.« So ging es mir in diesem Moment.

Gestern Abend fand ich eine Lösung auf Facebook. In Syrien gibt es einen »Chor der Freude«, der Gründer ist ein Pfarrer. Sie gaben kürzlich ein Konzert, das man im Internet verfolgen kann. Die Kinder sangen Weihnachtslieder in drei Sprachen, nach zwölf Jahren Krieg und Entbehrungen. Ihre Lieder berührten mich sehr und verliehen den vielen Gefühlen in meinem Herzen Ausdruck:

»Wir sind zum Weihnachtsfest gekommen, um euch zu fragen:
Warum gibt es bei uns keinen Weihnachtsschmuck?
Mein Land ist verbrannt, die Freiheit wurde gestohlen.
Unser Himmel fragt sich: Wo ist die Sonne, wo sind die Tauben?
Mein Land ist klein wie ich. Gebt uns die Kindheit zurück!
Gebt uns Frieden!«

22. Dezember 2021

Flaschenpost

Letztes Wochenende war ich mit meiner Familie in Bremen, und die Stadt war proppenvoll. Alle Häuser waren festlich beleuchtet, draußen und drinnen. Zur Weihnachtszeit mag ich dieses Land besonders gern. Auf der Straße sahen wir einen Weihnachtsmann. Oder besser: einen als Weihnachtsmann verkleideten Mann.

Erwachsene glauben nämlich nicht mehr an den Weihnachtsmann, oder? Zu Hause fragte mich meine ältere Tochter: »Papa, gibt es den Weihnachtsmann?« Sie ist ein kluges Mädchen, deshalb entwickelt sie mittlerweile berechtigte Zweifel. Aber ich als Vater wollte, dass sie noch weiter der Illusion unterliegt, der Weihnachtsmann existiere tatsächlich. Warum eigentlich? Wahrscheinlich möchte ich, dass sie noch möglichst lange ein Kind ist. Zum Erwachsenwerden ist später auch noch Zeit.

Ich sagte ihr, dass es natürlich den Weihnachtsmann gebe, wer solle schließlich sonst all die Geschenke bringen? Und ich fragte sie, ob sie schon ihren Wunschzettel an ihn geschrieben hatte. Sie hatte. Nicht nur, dass sie einen zum Niederknien süßen Brief verfasst hatte *(»Lieber Weihnachtsmann, ich heiße Christina. Wie geht es Dir? …«)*, sondern sie verpackte ihn auch besonders aufwendig in mehrere Umschläge und schließlich in einen Schuhkarton, den ich zur Post bringen sollte. Am Abend fragte sie mich, ob ich das Paket abgeschickt hätte, was ich bejahte. Meine zweite Lüge an diesem Tag.

Aber nicht nur die Kinder schreiben in der Adventszeit Briefe. Am gleichen Tag hatte ich in der Schule eine Freistunde, in der ich meinen Freund Elmar besuchte. Als ich eintrat, saß er am Küchentisch, der übersät war mit Weihnachtskarten. Er schrieb eine große Zahl von Karten an alle seine Freunde. Es war für ihn eine Freude, diese zu verfassen, und ich war sehr beeindruckt von diesem zeitintensiven Brauch, den es bei syrischen Christen in dieser Form nicht gibt. Ich hätte nicht gedacht, dass die Menschen im modernen Deutschland noch so etwas machen. Insbesondere die jungen Leute schreiben sich heute doch höchstens noch digitale Grüße per WhatsApp oder E-Mail.

Elmar zeigte mir, für wen welcher Brief sei, und gelangte schließlich zu einem Brief, der an den Postboten adressiert war. Ich wunderte mich sehr und fragte mich, wie dieser Brief seinen Empfänger erreichen sollte. Da Elmar Pensionär ist, warteten er und seine Frau an diesem Tag tatsächlich, um den Briefträger am Briefschlitz abzupassen, wenn er ihnen die Post brächte. Das fand ich unglaublich. Zum einen erstaunte mich die Ruhe und Zeit, die Elmar hier offenbar aufbrachte und die so untypisch für die ansonsten immer eng getakteten Deutschen ist. Zum anderen war ich sehr beeindruckt von der Wertschätzung, die Elmar dem Briefträger und seiner Arbeit entgegenbrachte.

Elmar zeigte mir auch eine Weihnachtskarte, die er bekommen hatte. Er gab sie mir und fragte mich, ob ich sie lesen könne. Dies gelang mir leicht, denn die Handschrift war sehr sauber und ordentlich. Er sagte mir, die Karte komme von der 92-jährigen Freundin seiner Mutter. Wieder war ich beeindruckt, diesmal davon, wie man in einem so biblischen Alter noch Briefe schreiben kann. An diesem Tag hatte ich viel gelernt und freute mich, dass es in meiner neuen Heimat noch Bräuche und Traditionen gibt, die weitergetragen werden.

Ich erinnerte mich an meine Zeit in Frankreich. Als ich in den

Neunzigerjahren in Nancy studierte, konnte ich nur per Brief mit meiner Familie im fernen Syrien kommunizieren. Man wusste nie, ob der Brief ankommt, und es dauerte manchmal zwei Monate, bis man eine Antwort erhielt. Wie habe ich damals auf den Postboten gewartet! Wenn ein Brief kam, der die rot-blaue Umrandung der Luftpost trug, freute ich mich besonders.

Heute wartet man nur noch selten sehnsüchtig auf den Postboten, vielleicht am ehesten zur Weihnachtszeit. Im Rest des Jahres bringt dieser höchstens noch Rechnungen oder Werbung, aber keine Nachrichten von Menschen aus der Ferne. Die »sozialen« Medien haben unser Leben einfacher gemacht und die Welt kleiner. Aber sie haben unsere Welt auch ein Stück weit entzaubert. Mit einem Mausklick kann man Menschen auf der anderen Seite der Welt hören, sehen und mit ihnen sprechen. Ich frage mich: Vermissen die Deutschen manchmal auch das Briefeschreiben?

Übrigens gibt es bis heute in meinem Heimatdorf in Syrien keine Straßennamen. Ein Brief wird adressiert mit dem Namen der Person und dem Namen des Dorfes. Es ist Sache des Postboten, den Brief am richtigen Haus einzuwerfen oder, wenn ihm das nicht gelingt, ihn im Dorfladen abzugeben. In letzterem Fall weiß manchmal das halbe Dorf, wer von wem welche Post bekommen hat. Das hat den Dorftratsch immer zuverlässig mit Gesprächsthemen versorgt.

Auch unsere Kolumnen auf SPIEGEL+, die in diesem Buch zusammengefasst sind, sind Briefe. Ihre Botschaften sind an die Leserinnen und Leser gerichtet. Sie kommen aus einer Zwischenwelt zwischen Deutschland und Syrien, transportiert per Flaschenpost über das Mittelmeer. Ob die SPIEGEL+-Abonnentinnen und -Abonnenten diese wöchentliche Post öffnen oder nicht, bleibt stets ihnen selbst überlassen.

3. Januar 2020

Doppelt fremd

Als Kind musste ich mal einen Aufsatz schreiben über den Unterschied zwischen Stadt und Land. Die Kluft zwischen diesen beiden Welten war schon während meiner Schulzeit in Syrien ein häufiges Thema. Und wenn ich heute Schüler in Deutschland unterrichte, ist es auch hier ein Thema. Dabei ist der Stadt-Land-Gegensatz in Syrien viel größer als in Deutschland. Dort sind die großstädtischen Verhältnisse in Bezug auf Lebensstandard, Infrastruktur, Gehälter, Gesundheitsversorgung und Kultur meilenweit entfernt vom vergleichsweise kargen und eintönigen Leben in ländlichen Regionen. In Deutschland dagegen sind die Lebensverhältnisse viel ausgeglichener.

Aber auch hier gibt es Unterschiede. Ich musste feststellen: Wenn man Deutschland hauptsächlich in einer Kleinstadt wie Rotenburg (Wümme) kennengelernt hat, kann einen die Großstadt ganz schön erschlagen.

Heute war ich zum dritten Mal in Hannover. Und zum zweiten Mal habe ich dort versucht, die C1-Sprachprüfung abzulegen. Ich habe zwar noch nicht das Ergebnis, aber ich fürchte, es war wieder ein Schuss in den Ofen.

Als ich das letzte Mal in Hannover war, konnte ich dort für unglaubliche 40 Euro in einem Hotel übernachten. Mithilfe meines Bruders hatte ich das Zimmer lange im Vorfeld gebucht. Diesmal jedoch wollte ich das Hotel nicht vorher organisieren, sondern spontan eines suchen. Ich bereitete die kleine Reise in keiner

Weise vor. Schließlich hatte ich jahrelang in Damaskus gelebt, einer Vier-Millionen-Stadt. Da würde ich wohl in Hannover auch so zurechtkommen. Es war eine Art Test.

Als ich in Hannover am Bahnhof ausstieg, fragte ich mich, wie ich nun von dort zum Bildungsträger käme und wie ich in der Nähe ein Hotel fände. Um die richtige Straßenbahn zu ermitteln, nutzte ich mein Smartphone. Es empfahl mir: U-Soundso. Das habe ich nicht verstanden, weil ich eine Straßenbahn benutzen wollte und keine U-Bahn. Nächstes Problem: Wo ist die Haltestelle?

Ich hätte jemanden fragen sollen, aber mein Stolz stand mir im Weg. Keine Ahnung, ob es an meiner syrischen Mentalität lag oder daran, dass ich ein Mann bin. Aber diese Blöße wollte ich mir nicht geben. Die Leute würden denken: Er hat doch ein Smartphone. Ist er zu blöd, es zu benutzen?

Als ich aber nicht weiterkam, sah ich mich doch um, wen ich fragen könnte. Es gab eilige junge Leute mit Rucksack, die durch die Halle liefen. Geschäftsleute, die zu wichtig aussahen, als dass man sie hätte ansprechen wollen. Bei einigen anderen hatte ich Sorge, ob ich nicht an jemanden gerate, der Ressentiments gegenüber Ausländern hat. Wenn ich aber einen Ausländer frage, kennt der sich vielleicht selber nicht aus.

Schließlich überwand ich mich und bat zwei sympathisch wirkende Frauen um Hilfe. Ich zeigte auf »U-Soundso« auf meinem Handy und erkundigte mich, wo die Haltestelle sei. Die beiden Frauen beschrieben mir, dass ich außerhalb des Bahnhofes eine Treppe hinuntersteigen sollte. Also doch U-Bahn. Egal, ich stieg in die U-Bahn, und nach ein paar Stationen erreichte ich mein Ziel. Oben am Ausgang der U-Bahn-Station sah ich mich nach einem Hotel um. Mein Handy schlug mir in der Umgebung ein paar vor, aber leider lagen sie preislich alle über 200 Euro. So viel wollte ich nicht bezahlen. Also suchte ich das günstige Hotel auf, in dem ich letztes Mal abgestiegen war. Der Portier sagte mir jedoch, dass eine Übernachtung heute ca. 99 Euro koste, und redete irgendwas von »Messe« oder so. (Erst eine Woche später erfuhr ich, dass in Hannover gerade Messezeit war, was die freien Übernachtungskapazitäten dort stets stark reduziert.) Das einzige günstigere Zimmer wäre eins mit »Badgemeinschaft« gewesen. Das wollte ich nicht nehmen, da mir am Tag vor meiner C1-Prüfung meine Ruhe sehr wichtig war. Also wieder raus.

Mein Handy-Akku war jetzt fast leer. Meine Blase war voll. Ich hatte Hunger. Ich wollte einen Taxifahrer fragen, aber es war kein Taxi in der Nähe. In Damaskus hätte ich ein Taxi heranwinken können, aber in Hannover ging das nicht.

Ich gestand mir meine Niederlage ein. Ich rief mit der letzten Akkuladung meinen Bruder in Rotenburg an. Er fragte: »Na, Schlaumeier, wo steckst du?« Ich erklärte ihm meine Situation, und er versprach, mir im Internet etwas herauszusuchen. Wir legten auf.

Ich ging in ein griechisches Restaurant. Hier konnte ich auf die Toilette gehen, etwas essen und mein Handy aufladen. Der Kellner redete auf Griechisch auf mich ein. Okay, ich sehe auch ein bisschen so aus.

Ich überlegte kurz, nach Rotenburg zurückzukehren und morgen in aller Frühe wieder nach Hannover aufzubrechen. Dann rief mein Bruder an. Es gebe in Hannover keine Zimmer mehr unter 200 Euro. Nur noch eines ganz in meiner Nähe mit »Badgemeinschaft«. Zerknirscht nahm ich sein Angebot an. Ich ging also wieder zu dem Hotel, bei dem ich am früheren Abend schon gewesen war. Der Portier sagte: »Sie haben Glück! Gerade, als Sie vorhin das Hotel verließen, rief ein Gast an und stornierte seine Buchung. Jetzt habe ich ein Zimmer für 99 Euro für Sie.« Nehm ich! Jetzt schnell schlafen!

Der nächste Tag fing mit einer weiteren kleinen Niederlage an. Bei der Sprachprüfung darf man nur Bleistifte benutzen. Das wusste ich und hatte mir welche eingepackt. Aber ich hatte nichts, um sie anzuspitzen. Das Wort für »Anspitzer« war mir entfallen, ich entsann mich nur noch grob, wie das Wort ungefähr klang.

Ich suchte einen Kiosk auf und fragte nach einer Spritze. Wenn ein leicht dunkelhäutiger Ausländer morgens um acht im Kiosk nach einer Spritze fragt, erzeugt das Missverständnisse. Dementsprechend sah mich der Verkäufer an. Er fragte schließlich: »Wofür benötigen Sie eine Spritze?« Ich sagte: »Für meinen Bleistift.« »Ach so – Sie meinen einen Anspitzer!«, sagte er und verkaufte ihn mir. Ich fühlte mich wieder mal blöd.

Die Prüfung war ein Waterloo. Einen kompletten Teil des Prüfungsbogens vergaß ich zu bearbeiten. Die Prüfung »C1 Hochschule« ist wirklich schwer. Beim letzten Mal fehlten mir 10 Punkte zum Bestehen. Gefühlt fehlten mir jetzt 20.

Auf dem Rückweg von Hannover fing das Drama von Neuem an: Wie bekomme ich ein U-Bahn-Ticket? Für welche Linie? Wie viele Stationen muss ich fahren? Wie entwerte ich mein Ticket? Man hätte einfach jemanden fragen können. Aber Sie wissen ja: erstens Syrer, zweitens Mann. Ich stand mit meinem nicht entwerteten Ticket in einer U-Bahn nach irgendwo. Mein Ticket passte auch nicht in den Stempelautomaten. Wenn jetzt ein Kontrolleur käme, wäre ich ein Schwarzfahrer. Dabei bin ich höchstens mittelstark pigmentiert, eher griechisch. Die Situation war mir so unangenehm, dass ich ausstieg. Ich wollte zu Fuß weitergehen. Oben in der Fußgängerzone war ich sehr angetan von der Großstadt-Atmosphäre: Straßenmusiker, Restaurants, Leute, die nicht alle gleich aussehen. Ich genoss die ersten positiven Gefühlskrümel an diesem Tag.

In einem chinesischen Restaurant wollte ich etwas essen. Die Chinesin hinter dem Tresen sprach noch schlechteres Deutsch als ich. Es dauerte mehrere Minuten, bis wir beide der Meinung waren, dass ich Reis mit Hähnchen bestellen wollte. Jetzt essen.

Am Bahnhof wusste ich nicht, in welchen Zug ich steigen sollte. Meine Reiseverbindung nach Rotenburg schlug mir einen Zug nach Hamburg vor. Seltsam, sonst war ich immer über Verden oder Bremen gefahren. Ich ging zum Informationsschalter. Als ich mich in die Warteschlange stellte, hatte ich erstmals seit 48 Stunden nicht mehr das Gefühl, verloren zu sein. Schließlich standen vor und hinter mir Leute, die offenbar auch zu blöd waren, ihr Smartphone zu benutzen.

Das Gefühl des Verlorenseins in der Großstadt führte ich auf mein Leben in der Provinz zurück. Ich dachte, dass es vielleicht besser wäre, mit meiner Familie in die Großstadt zu ziehen. Damit meine Töchter später einmal nicht so »lost« sind wie ich, wenn sie sich in der Großstadt bewegen. Was sie wohl über diese Frage denken?

Als ich meine Jüngste kürzlich fragte: »Cilina – wie sehr liebst du mich?«, antwortete sie: »Wie die ganze Welt!« Ich fragte: »Wie sehr liebst du dann deine Mutter?« Ihre Antwort: »Mehr als die ganze Welt!«

Mein Gott – wie ich sie vermisste. Und ich vermisste mein kleines Rotenburg.

Jetzt habe ich wieder einen Aufsatz über Stadt und Land geschrieben. Aber diesmal nicht auf der Schulbank, sondern als Erwachsener im Zug nach Rotenburg. Dort würde nicht nur Gerd warten, um mit mir aus diesen Gedanken einen Text zu machen, sondern auch meine Familie, die drei wichtigsten Menschen in meinem Leben. Rotenburg ist zu meiner Heimat geworden.

12. April 2019

Mein Blickwinkel

Sender und Empfänger – das führt bereits innerhalb ein und derselben Kultur zu einem bunten Strauß an Missverständnissen. Aber erst recht, wenn Menschen aus verschiedenen Kulturen aufeinandertreffen.

Wir hatten schon in unserem ersten Buch darüber berichtet, dass einige arabische Männer, als sie in den letzten Jahren in dieses Land gekommen sind, ein etwas schiefes Bild von der deutschen Gesellschaft hatten. Sie hatten das Klischee im Kopf, dass das Leben hier in allen Belangen sehr freizügig ist. In Bezug auf Meinungsfreiheit und viele andere persönliche Freiheiten stimmt das auch. Aber in Bezug auf das Verhältnis zwischen Mann und Frau stimmt es nicht.

Viele Syrer hatten über die deutsche Gesellschaft gehört, dass hier voreheliche oder außereheliche Beziehungen eher akzeptiert werden als in Syrien. Dass Frauen sich hier zum Teil sehr freizügig kleiden. Und dass es sogar Menschen gibt, die splitternackt mit fremden Menschen in die Sauna gehen. »Mann« könnte also vermuten, dass es hier in Deutschland unkomplizierter als in der arabischen Heimat wäre, mit Frauen in Kontakt zu kommen. Dies ist ein gängiges Vorurteil in der arabischen Welt. Aber das Gegenteil ist der Fall. Ich glaube, das liegt zum einen am Selbstbewusstsein deutscher Frauen. Zum anderen liegt es vielleicht auch daran, dass die deutsche Gesellschaft in mancher Hinsicht viel konservativer ist, als sich das viele Araber vorstellen. Insbesondere hier in Norddeutschland.

Selbst wo es nicht um den Wunsch nach einer Beziehung, sondern nur um ein unverfängliches Gespräch geht, lauern Missverständnisse zwischen arabischen Männern und deutschen Frauen. Einmal kam es im Nachgang einer Feier zu einem solchen Missverständnis. Ich sagte zu einer Bekannten, die immer sehr nett zu mir war, dass ich ihr Kleid sehr schön fände, und sie sagte »Danke«. Ich versuchte das in einem sehr sachlichen Ton und mit einem neutralen Gesichtsausdruck zu sagen, um Missverständnisse zu vermeiden. In den folgenden Tagen schrieben wir uns die ein oder andere E-Mail. Einmal fragte ich sie per E-Mail, ob sie mal mit mir einen Kaffee trinken wollte, aber sie antwortete nicht. Als ich sie darauf ansprach, wich sie mir aus, und in der Folge hatten wir keinerlei Kontakt mehr. Erst später ist mir bewusst geworden, dass sie meine Frage wahrscheinlich als Flirtversuch interpretiert hat. Ich fand das sehr bedauerlich, denn ich hätte gerne mehr Kontakt mit dieser sympathischen und intelligenten Frau gehabt. Es ging mir dabei jedoch nie um eine Beziehung, schließlich bin ich glücklich verheiratet.

Dieses Erlebnis ließ mich frustriert zurück. Ich hatte gelernt, dass die Kommunikation in Deutschland eher auf der Sachebene stattfindet, während Araber eher auf der Beziehungsebene kommunizieren. Warum ist meine Botschaft dennoch auf der Beziehungsebene gelandet?

Unsere Kolumne »Umarmung« im September 2019 war bei vielen Lesern besonders gut angekommen. Wir bekamen eine Menge Kommentare, und ich hatte das Gefühl, dass wir die Herzen einiger Leser berührt hatten. Deshalb schmiedete ich den Plan, den Text als E-Mail derjenigen Kollegin zu schicken, der ich diese Umarmung, von der ich berichtete, zu verdanken hatte. Sicher würde sie sich darüber freuen, was ihre Umarmung am Bahnsteig bei mir ausgelöst hat. Ich fragte meine Frau, was sie von der Idee hielt. Sie riet mir jedoch davon ab. Begründung: Vielleicht würde auch sie meine E-Mail missverstehen. Und auf weitere Missverständnisse mit deutschen Frauen hatte auch ich keine Lust.

Neben der schriftlichen Kommunikation führt auch die Körpersprache, speziell der Blickkontakt der Deutschen, bei mir manchmal zu Irritationen. In Deutschland guckt man sich bei einer Unterhaltung ausdauernd in die Augen, und zwar geradeaus wie auf einer Autobahn. Ich frage mich dann immer: Wo ist die Umleitung? Im Arabischen ist die Bandbreite an möglichen Blicken viel größer. Oft sieht man sich nicht direkt in die Augen, sondern lässt den Blick während des Gespräches umherschweifen. Und anhand des Blickes eines Gesprächspartners kann man viel eher seine jeweilige Gefühlslage abschätzen. Ein Blick kann abschätzig sein oder wertschätzend. Wissend oder neugierig. Abweisend oder zum Flirten bereit. In Deutschland dagegen fällt es mir immer wieder schwer, Blicke dementsprechend zu deuten.

Einmal ist es mir in einer Unterhaltung passiert, dass mich eine deutsche Frau ständig mit weit aufgerissenen Augen angesehen hat. Dieser starre Blick hat mir Angst gemacht, sodass ich mich gar nicht mehr konzentrieren konnte. Ich senkte den Blick, um nicht vollständig den Faden zu verlieren. Als ich aufblickte, sah sie mich noch immer so durchdringend an. Ich wurde leicht panisch und überlegte, was ich falsch gemacht, wobei mich diese Frau gerade ertappt hatte. Aber wahrscheinlich war das einfach nur ihre Art, jemanden aufmerksam anzublicken, und in Deutschland war das nicht einmal ungewöhnlich.

Ich weiß, wie wichtig in Deutschland der Blickkontakt während eines Gespräches ist. Er drückt Ehrlichkeit und Offenheit aus. Der Spruch »Ich kann ihm nicht in die Augen sehen« weist in Deutschland auf ein gestörtes Vertrauensverhältnis hin. Aber ich empfinde den Blick der Menschen in diesem Land manchmal als sehr nüchtern und kühl, obwohl ich weiß, dass viele Deutsche sehr warmherzige Menschen sind. Die Blicke der Deutschen sind für mich schwer zu interpretieren, und kein Wörterbuch kann mir helfen, die Sprache ihrer Augen besser zu verstehen.

In einem arabischen Lied heißt es:

»Durch einen Blick verstehe ich, was du meinst.
Und du verstehst, was ich meine.
Ohne etwas zu sagen, weiß ich, was du sagen wirst.
Ich spreche vor dir das Wort aus, das in deinen Gedanken ist.
Und du sagt mir das Wort, das in meinen Gedanken ist.«

Selten habe ich in deutschen Augen das Feuer gesehen, das man manchmal bei arabischen Menschen findet. Selbst in Frankreich, wo ich lange gelebt habe, sind die Blicke der Menschen anders als in Deutschland, ist die Bandbreite der über die Augen und das Gesicht kommunizierten Gefühle größer.

Ich weiß nicht, ob Ihr Deutschen Euch dessen bewusst seid, aber im Gegensatz zu meiner syrischen Heimat kommt es bei Euch viel stärker darauf an, *was* man sagt, als *wie* man es sagt. Anders als bei Arabern hat das gesprochene Wort hier mehr Gewicht als Gestik und Mimik. Das ist manchmal angenehm und beruhigend. Aber manchmal lässt es einen Syrer auch frösteln.

4. Oktober 2019

Blumenstrauß

Ich wurde schon einige Male gefragt, ob ich die Deutschen für tolerant halte. Viele Deutsche blicken sehr selbstkritisch auf ihr Land und halten ihre Landsleute überwiegend für intolerant. Aber ich finde, das stimmt nicht. Denn das Prinzip der Toleranz ist tief verwurzelt in der deutschen Gesellschaft. Es gehört zu Euren Werten. Und es geht einher mit einer bemerkenswerten Hilfsbereitschaft. Heute möchte ich Euch Deutschen dafür einen großen Blumenstrauß überreichen.

Als ein Beispiel für die Solidarität und Hilfsbereitschaft der Deutschen erlebe ich das ehrenamtliche Engagement. Die Fahrer der »Bürgerbusse« zum Beispiel sind in Rotenburg meist Ehrenamtliche im Ruhestand und füllen hier auf dem Land die Lücken im Netz des ÖPNV. Einer von ihnen war sogar Zahnarzt, und selbst er opfert seine Freizeit, um für andere den Bus zu fahren. Er hätte sicher auch viele andere Möglichkeiten, seine Zeit zu nutzen, und ist sich dennoch nicht zu schade für dieses freiwillige Engagement. Vielleicht hat diese zupackende Mentalität ohne große Rücksicht auf Standesunterschiede Euch Deutschen auch geholfen, dieses Land nach dem Krieg wiederaufzubauen. Ich würde Syrien und anderen Ländern, die sich im Krieg befinden, wünschen, dass sie nach dem Ende der Auseinandersetzungen in ihrem Land auch diese Mentalität zeigen und den Wiederaufbau vor ihre gesellschaftlichen Unterschiede stellen.

Der Umfang des freiwilligen und ehrenamtlichen Engagements ist eine Besonderheit der Deutschen. Ich war sehr überrascht, dass in ländlichen Regionen eine hoheitliche Aufgabe wie die Feuerwehr ausschließlich in ehrenamtlichen Händen liegt. Auch andere Hilfsorganisationen wie das THW oder das Rote Kreuz sind solche Beispiele.

Zahlreiche Menschen in Deutschland haben in den letzten Jahren ehrenamtlich Sprachunterricht für Flüchtlinge geleistet. Viele der Zuwanderer in diesen Kursen wussten lange nicht, dass ihre Lehrer diese Arbeit unentgeltlich machten. Ein solches Verhalten kannten sie aus ihrer Heimat nicht. Dort gibt es zwar auch Hilfsbereitschaft, aber in erster Linie gegenüber Freunden und Familienangehörigen, nicht unbedingt gegenüber Fremden.

Eine weitere Besonderheit, auf die die Deutschen stolz sein können, ist die Toleranz. Kinder lernen sie schon in der Schule, nicht nur bei Aktionen wie »Schule mit Courage« oder »Schule ohne Rassismus«, sondern auch bei Konfliktlösungen sowie durch viele Lerninhalte und die Literatur im Deutschunterricht. Haben Sie in der Schule auch »Nathan der Weise« von Lessing gelesen?

Hier in Deutschland sind Meinungsfreiheit und Toleranz ein hohes Gut. Das beobachte ich auch bei vielen ehrenamtlichen Flüchtlingshelfern, die zu uns in die Workshops kommen. Obwohl sie oft schon im Rentenalter sind und eine starke eigene kulturelle Prägung mitbringen, versuchen sie, die Denk- und Lebensweise von Zuwanderern zu verstehen als Voraussetzung für ihre Hilfeleistung. Und dass sie überhaupt ihre freie Zeit darauf verwenden, Ausländern bei der Integration zu helfen, anstatt ihren Ruhestand mit Reisen oder anderen schönen Dingen zu verbringen, nötigt mir großen Respekt ab. Ich werde nie vergessen, wie bei einer Lesung in Rotenburg vor einigen Monaten eine über 80 Jahre alte Diakonisse in der ersten Reihe saß, die kaum noch gehen konnte. Selbst sie öffnete ihren Geist für kulturelle Unterschiede und stellte interessante Fragen. Ich bewunderte sie und fühlte mich selbst wie ein Schüler, der gerade eine Lehrstunde in Sachen Toleranz erfahren hat.

An der Meinungsfreiheit in Deutschland partizipiere ich, wenn ich mit Gerd diese Texte schreibe. Wenn ich darin über kulturelle Unterschiede spreche, kommt es mir nicht darauf an, die Deutschen oder die Araber zu kritisieren. Stattdessen möchte ich die Tür meiner arabischen Prägung für die Deutschen öffnen und lasse die Leser durch meine Brille schauen, wenn ich auf die deutsche Gesellschaft blicke. Ich versuche dabei, beide Seiten respektvoll zu betrachten und nicht zu werten. Das habe ich ein Stück weit auch von den Deutschen gelernt. Es gibt unterschiedliche Geschmäcker und Vorlieben bei den Menschen, teils kulturell, teils individuell geprägt. Das eine ist nicht per se besser oder schlechter als das andere. Das gilt für Tee oder Kaffee genauso wie für Bier oder Wein oder ob man das Essen mit der Gabel oder mit Fladenbrot aufnimmt.

Manchmal war ich etwas angefasst, wenn wir negative Kommentare auf unsere Kolumnen bekommen haben. Und hier gibt es vielleicht wieder einen kulturellen Unterschied. Manche Araber, wie auch ich, sind ziemlich emotional und impulsiv. An vielen Deutschen dagegen bewundere ich, wie direkt sie einerseits Kritik üben, wie kontrolliert und sachlich sie andererseits aber auch mit dieser Kritik umgehen können.

Helene Fischer zum Beispiel ist eine der erfolgreichsten Sängerinnen in Deutschland. Dennoch werden ihre Stücke von einigen Menschen sehr scharf kritisiert. Sie hört deshalb aber nicht auf zu singen. Auch gibt es viele gute Politiker, die in ihrer Arbeit massive öffentliche Kritik einstrecken müssen, ohne sich davon entmutigen zu lassen. Kritik und der pragmatische Umgang damit gehören in Deutschland einfach dazu. Daran müssen wir Araber uns manchmal noch gewöhnen. Aus unserer Kultur waren wir es gewohnt, dass Gesichtswahrung einen hohen Wert darstellt und Kritik nur verhalten oder indirekt geübt werden sollte.

Ich erlebe die Deutschen oft auch als sehr kontrolliert. Im Herbst hatte ich einmal Unterricht in der sechsten Klasse. Im Klassenraum war eine Wespe, die sich offenbar in der Jahreszeit vertan hatte. Einige Schüler wurden unruhig und hatten Angst vor der Wespe. Ein Mädchen jedoch rief die anderen zur Ruhe auf. Dann setzte sich die Wespe auf den Kopf einer Schülerin, die dabei ganz ruhig blieb. Die Wespe flog weiter auf den Kopf einer anderen Schülerin. Keine der beiden wurde gestochen. Ich war sehr beeindruckt. Hätte sich die Wespe auf meinen Kopf gesetzt, wäre ich nicht so ruhig geblieben. Schließlich flog die Wespe durch das offene Fenster hinaus. Erneut war ich der Schüler, und diese Schülerinnen waren meine Lehrmeister. Sie zeigten mir, wie man seine Emotionen kontrollieren kann und dass in Deutschland im Kleinen wie im Großen der Grundsatz gilt: Leben und leben lassen. Das gefällt mir.

22. November 2019

Im Rückspiegel

Jetzt habe ich aus Hannover das Ergebnis meiner letzten C1-Sprachprüfung: Zum wiederholten Mal, ganz knapp, habe ich nicht bestanden. Abends stand ich dann vor dem Spiegel und zog Zwischenbilanz. Ich mache das des Öfteren: mich fragen, wie ich eigentlich mein Leben benote. Wie viele Punkte gebe ich meiner bisherigen Leistung in den verschiedenen Fächern Arbeit, Familie, Bildung, Gesundheit und Liebe? Welche Nebenfächer gibt es noch? Ist mein Notendurchschnitt in den letzten Jahren gestiegen oder gesunken? Dabei tauchen verschiedene Stationen vor meinem geistigen Auge auf, Erfolge und Misserfolge. Manchmal im Leben hat man schon beim ersten Schuss das Tor getroffen, manchmal hat man mehrfach danebengeschossen, wie jetzt bei meiner Sprachprüfung.

Wenn Menschen in den Rückspiegel blicken, sehen sie hinter sich ihren bisherigen Lebensweg. Bei einigen geht dieser Weg ziemlich geradeaus, vielleicht auch weil sie ein klares Ziel haben. Bei anderen, wie bei mir, hat das Leben viele Haken geschlagen, es gab Serpentinen, Umwege, Ehrenrunden, und jetzt bin ich irgendwie da, wo ich bin. Verdient der gerade Weg eine bessere Note als ein kurvenreicher?

An der Universität in Damaskus habe ich einmal mit meinen Studenten einen Text über das Thema »Bewerbung und Lebenslauf in verschiedenen Ländern« gelesen. Über deutsche Bewerbungen stand in diesem Text: »Wenn es eine Lücke in deinem Lebenslauf gibt, wird man dich fragen, ob du im Gefängnis warst.« Mittlerweile lebe ich selbst in diesem Land, und in meinem Lebenslauf gibt es auch ein paar Lücken. Zum Beispiel mein erstes Jahr an der Universität in Frankreich. Hier hatte ich zunächst Informatik studiert, aber ohne Erfolg. Deshalb habe ich später zu Französischer Literatur gewechselt. In meinem Lebenslauf verschweige ich diesen Umstand meist.

Vorher hatte ich schon in der Schule eine Ehrenrunde gedreht und zweimal Abitur gemacht. Beim ersten Versuch hatte ich zwar auch bestanden, aber die Noten waren zu schlecht für die meisten Studienfächer. Nach einem Jahr im Eigenstudium hat es bei der nächsten Prüfung dann für ein gutes Abitur gereicht, und ich konnte nach Frankreich gehen, um dort zu studieren. Als ich nach meinem Auslandsstudium nach Damaskus zurückkehrte, sagte mir die Universitätsverwaltung, dass mein Abitur inzwischen zu alt sei, um in Syrien zu studieren. Also machte ich meine Abiturprüfung zum dritten Mal, erst dann konnte ich ein Aufbaustudium in Französischer Literatur beginnen.

Auch in der Liebe verlief mein Leben sehr wechselhaft. In Frankreich hatte ich verschiedene Beziehungen, aber keine von Dauer. In Syrien war ich später sogar einmal verlobt, aber wir haben uns nach kurzer Zeit wieder getrennt. Erst als ich Hala kennengelernt habe, wurde daraus die Liebe fürs Leben.

Im Berufsleben habe ich zunächst in der Hotellerie gearbeitet, dann als Übersetzer, dann als Lehrer, schließlich als Universitätsdozent und heute wieder als Lehrer. Alles an verschiedenen Orten.

Vielleicht hat ein so kurvenreicher Lebenslauf auch mit meinem Charakter zu tun. Ich bin zufrieden mit meinem Leben, und einen gradlinigeren Lebensweg würde ich rückblickend wahrscheinlich als langweilig empfinden. Ich mag noch heute keine

Autobahnen, weil es mir da zu viel geradeaus geht. Ich benutze viel lieber Landstraßen.

Als ich so vor dem Spiegel stand und Zwischenbilanz zog, musste ich mich entscheiden, ob ich mein Leben nach dem syrischen oder nach dem deutschen System benoten wollte. In Deutschland ist eine Eins die beste Note und eine Sechs die schlechteste. Das syrische Benotungssystem geht umgekehrt von Null bis Zehn, wobei Zehn das beste und Null das schlechteste Ergebnis ist. Diese Noten sind in Syrien vor allem beim Abitur wichtig. Wenn für einen Jugendlichen das Abitur ansteht, wird den ganzen Sommer hindurch gelernt, während der Rest der Welt die Ferien genießt. Die Familie übt oft einen immensen Druck aus in der Hoffnung, der Sprössling möge diese wichtige Hürde nehmen.

In meiner Zeit als Lehrer in Syrien hatte ich mal einen Nachhilfeschüler, dem ich Französisch beibringen und ihm so zum Abitur verhelfen sollte. Er hatte sehr reiche Eltern und war schrecklich verwöhnt. Meine Nachhilfe war ein hoffnungsloses Unterfangen. Wenn ich ihm wieder mal auf eine Übungsklausur eine »Null« gegeben habe, ist er damit zu seinem Vater gerannt und hat sich über mich beschwert. Aber der Vater ermahnte ihn, die fachliche Autorität seines Nachhilfelehrers zu respektieren. Einmal ergab es sich, dass ich mit dem Vater nachts im Auto saß und wir Lust auf einen Döner hatten. Wir ließen uns von seinem Chauffeur in ein gutes Döner-Restaurant fahren. Er sagte zu mir: »Weißt du, Samer, mein Sohn glaubt, das Leben sei wie ein saftiger, kostenloser Döner, in den man nur hineinbeißen muss.« Ich weiß leider nicht, was letztlich aus seinem Jungen geworden ist.

Nicht nur das Notensystem unterscheidet sich zwischen Syrien und Deutschland, sondern auch die Klarheit und Strenge, mit Noten umzugehen. In Deutschland sind Klausuren, in der Schule wie auch an der Universität, meist mit einem klaren und möglichst objektiven Punktesystem unterlegt. Wenn man eine bestimmte Punktzahl erreicht, hat man bestanden, wenn nicht, dann nicht.

Ein »Nasenfaktor« ist in der Regel ausgeschlossen, oder zumindest sollte es so sein.

Zwar gibt es auch an syrischen Universitäten Punktesysteme. Die Klausuren dort sind so gestrickt, dass man mit über 50 Punkten bestanden hat und unter 50 Punkten durchgefallen ist. Aber das System wird weniger streng gehandhabt als in Deutschland. Es wird immer auch der Mensch gesehen, seine Lebenssituation und seine bisherigen Leistungen in dem Fach.

Auch ich war bei meiner Arbeit als Hochschuldozent nicht ganz frei von subjektiven Bewertungskriterien. Wenn ich früher in Syrien die Klausuren meiner Studenten ausgewertet und die Punkte zusammengezählt habe, schrieb ich nicht sofort die Endnote unter die Klausur. Wenn jemand 48 oder 49 Punkte hatte, schaute ich mir die Klausur noch einmal genau an und verglich sie mit anderen. Meist fand ich dann einen Aspekt, der noch ein paar Zusatzpunkte rechtfertigte, und konnte die Klausur mit 50 Punkten als bestanden werten. Jemanden mit 48 Punkten durchfallen zu lassen, erschien mir irgendwie nicht fair.

Bei meiner C1-Prüfung letzten Monat fehlten mir am Ende genau 3 von 100 Punkten, um zu bestehen. In Deutschland gibt es eben keinen »Nasenfaktor«, sondern klare Regeln. Und das ist wahrscheinlich auch gut so, auch wenn es mir im Moment nicht schmeckt. Ich muss einfach weiter am Ball bleiben.

29. November 2019

Steigen Sie in meinen Servis!

Syrien zählte in den letzten Jahren seltsamerweise nicht zu den Hauptzielländern für deutsche Touristen, trotz zahlreicher Sehenswürdigkeiten und des guten Klimas. Und in Corona-Zeiten ist das Reisen ohnehin eingeschränkt. Deshalb dachte ich mir, ich nehme Sie heute mal mit auf eine Fahrt in einem öffentlichen Bus in Damaskus. Eine solche Fahrt habe ich noch als Guthaben auf meinem Langzeitgedächtnis und kann sie kostenlos mit Ihnen teilen. Sie sind privilegiert, denn dem Durchschnitts-Touristen in Syrien bleibt eine solche Fahrt verwehrt, er reist meist in einem großen Reisebus mit Klimaanlage und eigenem Reiseführer. Aber hier spreche ich von dem Minibus, dem »Servis« (Mehrzahl: »Saravis«), der in Damaskus den öffentlichen Personennahverkehr abbildet. Neun Personen passen da hinein, sie sind wahre Raumwunder! Damaskus hat ca. 1,7 Millionen Einwohner und keine U-Bahn oder Straßenbahn. Fahrradfahren ist nur etwas für Profisportler oder Suizidenten. Damaskus ist eine fortgesetzte Verkehrskatastrophe. Es gibt zwar auch ein paar große Busse wie in Deutschland, sie sind in kommunaler Trägerschaft und haben feste Haltestellen. Da ihre Anzahl aber nicht ansatzweise ausreicht, um einen nennenswerten Anteil mobilitätswilliger Damaszener zu transportieren, hat die Regierung den Markt freigegeben für die vielen Hundert, vielleicht Tausend, weißen Servis-Minibusse japanischer Bauart, die keine Haltestellen kennen und trotzdem immer voll sind.

»Ein Alman in einem Servis – bitte entschuldigen Sie, aber allein diese Vorstellung lässt einen Syrer schmunzeln. Aber bitte – steigen Sie doch ein! Willkommen in Damaskus! Sie sind als typischer Alman interkulturell interessiert? Sie finden das meiste, was Sie an exotischen Orten erleben, erst mal unheimlich spannend? Dann mal los, dort kommt schon der nächste Servis. Sie müssen ihn heranwinken und selber die Schiebetür an der Seite öffnen. Bitte, steigen Sie ein, aber Vorsicht … Autsch, jetzt haben Sie sich beim Einsteigen den Kopf gestoßen. Das tut mir leid, passiert aber auch vielen Syrern. Ja ich weiß, Sie haben für einen Moment Ihre Herkunft, Ihren Vornamen und die Anzahl Ihrer Gliedmaßen vergessen, so heftig war der Schmerz. Ich kenne das, glauben Sie mir. Wir nennen diesen Kopfstoß beim Einsteigen ›Morgenkaffee‹. Genießen sie ihn, er wird bald durch andere Eindrücke verdrängt. Es ist Ihnen mit elf Personen zu voll? Ich hätte Ihnen gesagt, es gehen nur neun Personen in einen Servis? Was interessiert mich mein Geschwätz von gestern! Steigen Sie endlich ein, Sie wollten doch neue interkulturelle Erfahrungen machen! Ein Tipp: Nehmen Sie nicht den Platz direkt bei der Tür. Dann müssen Sie ständig für andere Mitreisende die schwere Schiebetür auf- oder zuziehen und den Fahrpreis kassieren. Erkläre ich später. Es ist kein anderer Platz frei? Na gut, setzen Sie sich, es geht weiter, auch wenn die Tür noch auf ist. Sehen Sie? Beim Beschleunigen ist es viel schwerer, die Tür zuzuziehen. Ja, natürlich klemmt sie, und sie schließt auch nicht beim ersten Mal. Was haben Sie erwartet? Dies ist ein Schwellenland und nicht Hamburg-Blankenese.

Da vorne an der Kreuzung winkt eine Frau unseren Servis heran. Na, machen Sie schon – wie die Tür funktioniert, wissen Sie doch nun. Biegen Sie Ihre Knie zur Seite, damit die Dame einsteigen kann. Ja, okay, es gibt auch in Syrien dicke Leute. Dass Ihr Gesicht gerade ziemlich fest in ihr Hinterteil gedrückt wird, scheint sie nicht zu stören. Schon hat sie sich gesetzt, und es kann weitergehen. Achten Sie einfach nicht auf die Schlagseite, die unser Servis jetzt aufweist. Die Dame kramt in ihrer Handtasche und will bezahlen. Sie gibt Ihnen einen 50-Lira-Schein. Gucken Sie nicht so verdattert, es ist jetzt Ihr Job, das Geld einzusammeln und an den Fahrer weiterzugeben! Schließlich haben Sie sich freiwillig auf den Platz an der Tür gesetzt und sitzen nun mit dem Rücken zur Fahrerbank. Der Fahrer muss sich auf den Verkehr konzentrieren, der kann das Geld nicht selber einsammeln. Und im Gegensatz zur dicken Frau sind Sie gelenkig, Sie schaffen es, dem Fahrer in Ihrem Rücken den Geldschein hinüberzureichen, ohne sich die Schulter auszukugeln. Und jetzt die gleiche Übung noch mal fürs Wechselgeld. Vorsicht, Alman: Wenn das Wechselgeld nicht stimmt, haben Sie ein Problem mit der dicken Frau! Und es kann durchaus sein, dass der Busfahrer zu wenig herausgibt. Viele Servis-Fahrer sind gescheiterte Existenzen und Schlitzohren! Zwei weitere Fahrgäste reichen Ihnen irgendwelche Geldscheine durch, die Sie bitte an den Fahrer weitergeben sollen. Jetzt heißt es: Überblick bewahren und passend das Wechselgeld zurückgeben! Passend! Ja, mein Gott, der 200-Lira-Schein war von dem älteren Herrn und der 100-Lira-Schein vom Jungen. Also bekommt der Junge 90 Lira zurück und der ältere Herr 190. Wollen Sie etwa den älteren Herrn betrügen? Was sagen Sie? Sie hatten keinen Mathe-Leistungskurs? Sie stehen mit dem Busfahrer in keinerlei vertraglicher Beziehung? Alman, sparen Sie sich Ihre Scherze und rechnen Sie lieber! Sie haben noch drei Sekunden Zeit, bis die nächsten Fahrgäste einsteigen! Sie haben Glück, dass die Leute überhaupt bezahlen. Letztens hat mein Servis an der Seite angehalten und der Fahrer sich geweigert, weiterzufahren, weil angeblich nicht alle bezahlt hätten.

Sehen Sie nur – jeder Fahrer hat seinen eigenen Geschmack: Er hängt sich lustige Dekorationen in seinen Servis oder beleuchtet den Innenraum mit bunten Farben. So wie der, in dem wir gerade sitzen. Neben dem Foto seiner Familie baumeln zwei

Duftbäume, eine rote Stoffgirlande und Kater Garfield vor der Windschutzscheibe herum. Ohrenbetäubend dröhnen arabische Schlager durch das Gefährt. Es ist wirklich eine fahrende Disco, die uns mit affenartiger Geschwindigkeit durch Damaskus' Straßen chauffiert. Und das alles für nur 10 Lira, Sie Glückspilz! Ach ja, Sie selber sollten auch noch bezahlen. Reichen Sie Ihren 100-Lira-Schein bitte zum Fahrer hinter Ihnen. Er weigert sich, den Schein anzunehmen, weil er zur Hälfte eingerissen und ziemlich schmutzig ist? Sie bestehen darauf, dass der Fahrer ihn trotzdem annimmt? Sie sind der Meinung, dies sei die staatliche Währung? Typisch Alman. Der Fahrer hat weder Lust auf kaputte Geldscheine noch auf Diskussionen und macht schon wieder Anstalten, rechts ranzufahren, um seinen Dienst so lange zu quittieren, bis Sie bezahlt haben. Also bitte! … Geht doch! Jetzt können Sie wieder die schöne Schlagermusik genießen, die dem Busfahrer offensichtlich so gut gefällt. Schon hält der Servis erneut an, um Gäste aufzunehmen. Sie fragen, warum Ihre Mitfahrer so laut werden? Na ja, ihnen gefällt natürlich nicht, dass ein auf neun Personen ausgelegter Bus, in den der Fahrer illegalerweise einen zehnten Sitz eingebaut hat und der aktuell elf Personen befördert, noch weitere Fahrgäste aufnehmen soll. Die anderen beschimpfen den Fahrer … nein …. das übersetze ich hier lieber nicht. Die Antwort des Fahrers übersetze ich Ihnen gerne, er sagt: *»Macht Platz für die armen Leute, seht ihr nicht, wie sie in der Gosse stehen und dringend zu ihrer Arbeit müssen? Ich kann nicht einfach an ihnen vorbeifahren.«* Unser Fahrer ist von Beruf Samariter, müssen Sie wissen. Was? Sie glauben, der Fahrer sei nur ein geldgieriger und verantwortungsloser Hund, der den Hals nicht vollkriegt? Das haben jetzt aber Sie gesagt! Ups, nun will der verschwitze Arbeiter aussteigen, der ganz hinten rechts im Bus sitzt. Sie haben richtig beobachtet: In der letzten Reihe muss man die Physiognomie eines Oktopus haben, um da herauszukommen. Ja, alle anderen steigen jetzt auch aus, sonst könnte der gute Mann nicht zur Tür gelangen. Und jetzt steigen alle wieder ein. Keinen vergessen?

Das mit der Tür klappt immer besser bei Ihnen. Ihr Gegenüber starrt Sie an? Ja mein Gott, wo soll er sonst hingucken? Etwa auf die dicke Frau? Hier im Servis kommt man sich halt näher. Seien Sie froh, dass er nur in Ihr Gesicht guckt. Wenn Sie während einer Fahrt im Servis eine Textnachricht auf Ihrem Handy lesen oder tippen, können Sie sich des aufrichtigen Interesses ihrer Sitznachbarn gewiss sein. Es kann durchaus vorkommen, dass Sie dann einen gut gemeinten Ratschlag Ihres Mitreisenden erhalten, eine bestimmte Formulierung Ihrer WhatsApp-Nachricht an Ihre Frau lieber zu ändern, es könnte sonst unhöflich erscheinen. Nur zu – machen Sie sich einen Spaß daraus und weihen Sie Ihren Sitznachbarn in Ihre Eheprobleme ein! Als echter Araber ist er sicher Experte für so etwas. Nein, Sie haben recht: Wir sitzen hier zusammengepresst wie die gefüllten Frühstücks-Auberginen im Glas, man nennt sie übrigens ›Magdous‹. Sehen Sie sich beim nächsten Besuch im türkischen Lebensmittelladen ein solches Auberginenglas an, es wird Sie an Ihre heutige Fahrt im Servis erinnern!

Sehen Sie den Halbwüchsigen schräg gegenüber? Den kratzt das nicht. Seine breitbeinige Körperhaltung sagt Ihnen unmissverständlich, dass er seinen Sitz im Servis von seinem Großvater geerbt hat. Was? Sie bekommen keine Luft mehr, weil 20 Minuten mit 12 Personen auf 4 Quadratmetern fahrender Disco doch ein bisschen viel für einen Alman sind? Kein Problem, der Servis hat ein Fenster. Fragen Sie einfach die dicke Frau, ob sie es öffnen könnte. Dank ihrer Kraft könnte sie es wirklich schaffen, das notorisch klemmende Schiebefenster ein Stück zu öffnen. Schade, der ältere Herr auf der hinteren Bank verträgt keinen Zug und bittet darum, es gleich wieder zu schließen. Riechen Sie das? Das völlig übertriebene Parfum der dicken Frau und der Schweißgeruch des Halbstarken heben sich keineswegs gegenseitig auf, sondern potenzieren sich. Sie wollen aussteigen? Dringend? Sagen Sie: ›*Eza samaht al yamin.*‹ Es bedeutet: ›Bitte nach rechts.‹ … Sagen Sie es lauter, sonst hört der Fahrer es nicht. Noch lauter! …

er hat es nicht gehört. Wie auch? Gerade läuft sein Lieblingsschlager. Ja ich weiß, jetzt sind wir schon einen Block weiter, also rufen Sie es noch lauter. Sehen Sie – die anderen Mitfahrer unterstützen Sie und rufen jetzt im Chor: ›EZA SAMAHT AL YAMIN!‹ Sehen Sie? Nun bleibt der Servis tatsächlich stehen, und Sie können aussteigen und zurücklaufen. Der Fahrer kann nichts dafür, schließlich war seine Musik so laut, das haben Sie doch sicher gemerkt. Hat Ihnen die Fahrt gefallen? Vielen Dank, beehren Sie uns bald wieder!«

Ich lebe inzwischen seit fünf Jahren in Deutschland. Während meiner eigenen Fahrten in einem Servis habe ich diese oft als nervig empfunden. Aber rückblickend vermisse ich die muckeligen Mini-Busse auch etwas. Die Fahrten darin waren immer sehr kommunikativ, und mancher Servis war ein farbenfrohes Abbild der syrischen Gesellschaft. Wie geduldig viele Leute waren. Wie hilfsbereit. Wie gesprächig und flexibel.

Deutsche Omnibusse sind dagegen der absolute Luxus. Denken Sie mal darüber nach, wenn Sie demnächst wieder aufrechten Ganges einen deutschen Bus besteigen, um sich schweigend auf einen leeren Platz zu setzen, aus dem Fenster zu schauen und Ihren Gedanken nachzuhängen. Wird Ihnen dabei nicht langweilig?

10. Juli 2020

Die Sache mit den Schuhsohlen

Die Körpersprache kann zwischen den Kulturen sehr unterschiedlich sein, und sie ist auch ein Quell immer neuer Missverständnisse zwischen Deutschen und Syrern. Da ist zum einen der Blickkontakt: Deutsche sehen sich bei Unterhaltungen meist ausdauernd in die Augen. In Syrien tut man das weniger, insbesondere gegenüber Vorgesetzten oder Eltern wird dort ein direkter Augenkontakt manchmal als aufmüpfig wahrgenommen. Oder der Abstand zwischen Menschen, die sich unterhalten: Deutsche stehen dabei weiter entfernt voneinander, während Araber sich beim Sprechen wortwörtlich näher kommen.

Und dann ist da die Sache mit den Schuhsohlen. Unsere erste Kolumne haben wir seinerzeit über ein Erlebnis geschrieben, welches mir und meiner Familie am Beiruter Flughafen passierte, als wir nach Deutschland ausgewandert sind. In der Abflughalle saß uns ein Mann gegenüber, der seine Füße auf einen Koffer gelegt hatte, sodass seine Schuhsohlen fast unsere Gesichter berührten. Ich ärgerte mich, weil es in Syrien als unhöflich gilt, wenn man anderen Menschen die Schuhsohlen zeigt. Doch meine Frau bemerkte in all ihrer Weisheit, dass der Mann wohl Europäer sei und diese Körperhaltung nichts weiter als seine Freiheit ausdrücke. Heute möchte ich diesen Mann rehabilitieren, denn ich habe festgestellt, wie normal es hierzulande ist, anderen die Schuhsohlen zu zeigen.

Neulich sah ich die Talkshow »Anne Will« im Fernsehen. Bis auf den Wirtschaftsminister saßen alle Teilnehmer lässig zurückgelehnt auf ihren Sesseln und hatten die Beine übereinandergeschlagen. Dies ist in deutschen Talkshows normal und gilt nicht als unhöflich. Ich habe mich daran gewöhnt, auch wenn eine solche Körperhaltung in arabischen Talkshows unüblich wäre. Ich weiß noch, wie meine Tante mich als 15-Jährigen maßregelte, wenn ich die Beine übereinandergeschlagen hatte, während ich mit ihr sprach. Sie sagte dann: »Selbst unser Präsident schlägt die Beine nicht übereinander, wenn er Gäste empfängt, sondern behandelt diese mit Respekt. Was denkst du eigentlich, wer du bist?«

Einige Tage nach »Anne Will« sah ich die TV-Sendung von Sandra Maischberger. Sie interviewte den österreichischen Bundeskanzler in einer Videoschalte. Letzterer stand im Anzug vor der österreichischen Flagge und gab Antworten. Und Frau Maischberger? Sie saß zurückgelehnt in ihrem Sessel und hatte die Beine übereinandergeschlagen. Für einen Deutschen eine ganz normale Szene. Für mich als Syrer jedoch war diese Konstellation selbst nach fünf Jahren in diesem Land fremd. Wie konnte man sich so lässig in einen Sessel lehnen, während man mit einem ausländischen Regierungschef sprach, der stand? In der arabischen Kultur wäre es üblich, sich erst dann hinzusetzen, wenn sich auch der Gast hingesetzt hätte.

Verstehen Sie mich nicht falsch: Ich weiß, dass Frau Maischberger hier keineswegs unhöflich war. Das Problem liegt bei mir. Ich komme aus meiner kulturellen Prägung einfach nicht heraus und möchte Frau Maischberger ständig zurufen, doch wenigstens aufzustehen, wie es im arabischen Fernsehen üblich wäre.

Unsere Lieblingssendung ist die »NDR Talkshow«, darüber haben Gerd und ich schon einmal geschrieben. Ich mag die lockere und familiäre Atmosphäre: Gastgeber und Gäste reden miteinander, als ob sie bei sich zu Hause im Wohnzimmer säßen.

Hier jedoch fiel mir mein Problem mit der deutschen Gewohnheit, die Beine übereinanderzuschlagen, wieder besonders auf. Man kann die Beine ja auf verschiedene Weise überkreuzen: eng übereinander und mit den Fußspitzen nach unten, wie Herr Tschentscher in dieser Runde. Das wirkt auch in der arabischen Kultur noch einigermaßen respektvoll. Man kann die Beine auch eng übereinanderschlagen und dabei mit der Fußspitze spielen. Manch einer, wie zum Beispiel der Moderator Hubertus Meyer-Burckhardt, hat dabei die Angewohnheit, den Fuß zu drehen und anderen so die Schuhsohle zu zeigen. Das wirkt auf mich als Syrer schon ein wenig komisch. Und dann kann man, zumindest als Mann, die Beine richtig breit übereinanderschlagen und sich lässig zurücklehnen. In meiner Heimat wäre es unakzeptabel, seinen Sitznachbarn wie auch den Fernsehkameras auf diese Weise seine Schuhsohlen zu präsentieren.

Meine Tante würde sich im Grabe umdrehen, wenn sie mich so sähe. Im arabischen Fernsehen gibt es bestimmte Regeln, die strenger eingehalten werden als in Deutschland die Verkehrsregeln. Dort müssen die Moderatoren mit ihrer Körperhaltung die Haltung des Gastes spiegeln. Zwar gibt es im Arabischen das Sprichwort: »Sitz schief und sprich gerade«, aber im Fernsehen gilt das nicht, hier muss alles »gerade« sein. Und die Sprache im Fernsehen sollte Hocharabisch sein. Sowohl Gäste wie auch Moderatoren mühen sich, keinen Dialekt zu sprechen. Manchmal führt das zu etwas peinlichen Situationen, wenn Leute versuchen, im Fernsehen Hocharabisch zu sprechen, ohne dies wirklich zu beherrschen.

Nun kann man grundsätzlich festhalten, dass das Zeigen von Schuhsohlen in Deutschland einfach nicht die Bedeutung hat wie in Syrien. Ich glaube jedoch, dieser kulturelle Unterschied in der Körpersprache hat noch weitere Ursachen. Zum einen scheint mir eine respektvolle oder demütige Körperhaltung bei Deutschen nicht so wichtig zu sein wie im arabischen Kontext. Zwar wird ein Deutscher, zum Beispiel bei einem Vorstellungsgespräch, auch anders sitzen als ein Schauspieler in der »NDR Talkshow«. Auch unter Deutschen kann man Respekt durch nonverbale Signale ausstrahlen.

Aber in vielen Situationen steht bei den Deutschen im Vordergrund, *was* man sagt, und nicht, *wie* man es sagt. Die Sachebene der Kommunikation ist wichtiger als die Beziehungsebene. Man kann in diesem Land bei Gesprächen oft eine entspannte Körperhaltung einnehmen, ohne dass dies als unhöflich empfunden würde. Dadurch kann es einfacher sein, sich auf das Gespräch zu konzentrieren, ohne ständig seine Körperhaltung kontrollieren zu müssen. Teilweise haben wir uns auch schon daran gewöhnt. Meine Töchter und ich finden es zum Beispiel klasse, wenn Lena Meyer-Landrut in »The Voice Kids« ihre Schuhe auszieht und die Füße auf den Stuhl legt. Das passt auch für uns und macht sie sympathisch.

Die Körperhaltung speziell von Frauen im deutschen Fernsehen hat vielleicht auch mit deren Selbstbewusstsein zu tun. Deutsche werden schon als Kind zur Eigenständigkeit erzogen, das gilt auch für Mädchen. Im arabischen Kontext dagegen wird insbesondere von Frauen in vielen Situationen Respekt erwartet und damit eine eher devote Körpersprache. Das ist in Deutschland zum Glück anders. Ich bewundere das Selbstvertrauen deutscher Frauen bei vielen Gelegenheiten, insbesondere aber bei den Talkshows, die nach ihnen benannt sind.

Und schließlich haben diese Unterschiede wohl auch etwas mit dem zu tun, was Kulturwissenschaftler »Machtdistanz« nennen. Diese Distanz ist zwischen einem syrischen Fernsehmoderator und dem syrischen Präsidenten so groß wie das Mittelmeer. Zwischen Sandra Maischberger und dem österreichischen Kanzler ist sie klein wie eine Badewanne. Das ist sicherlich ein zivilisatorischer Fortschritt, früher wurde auch in Deutschland mehr Respekt gegenüber Regierenden erwartet. Es ist auch ein Zeichen der zutiefst demokratischen Gesinnung der Deutschen. Außerdem ist die deutsche Gesellschaft einfach viel egalitärer als die der meisten arabischen Staaten. Nur ist es für mich als Zuwanderer noch eine Herausforderung, mit diesem Fortschritt mitzuhalten. Die gesellschaftlichen Strukturen und damit die kulturellen Prägungen in Syrien hinken dem modernen Deutschland noch um einiges hinterher. Viele Zuwanderer, auch ich, müssen sich daran erst gewöhnen.

Ich habe mit meiner Frau über die deutschen Talkshows gesprochen. Ich setzte mich zur Probe auch mal so breitbeinig vor sie hin, legte meinen rechten Knöchel auf das linke Knie und lehnte mich zurück. Ich kam mir komisch vor und konzentrierte mich ständig darauf, was ich mit meiner Fußspitze machen sollte. Ich fragte meine Frau, ob sie mich so in einer Talkshow sehen wolle. Sie lachte und sagte, ich sei verrückt geworden.

25. Juni 2020

Liebe auf den ersten Blick

Als ich meinem Bruder erzählte, dass ich in der nächsten Woche in diese Stadt in Süddeutschland fahren würde, um mit Gerd einen Workshop abzuhalten, antwortete er mir: »Weißt du eigentlich, dass diese Stadt eine der schönsten in Deutschland ist? Ich kenne dich. Anschließend wirst du mir sagen, dass du dorthin ziehen möchtest, weg aus Rotenburg.«

Die Worte meines Bruders weckten in mir Lust und Neugier, diese Schönheit zu entdecken. Schließlich wohne ich seit vier Jahren in Norddeutschland, und wir schreiben über das Leben hier. Manchmal lese ich Kommentare zu unseren Kolumnen, dass manches in Süddeutschland anders sei. Jetzt war ich gespannt darauf, etwas von diesem anderen Landesteil zu sehen.

Während ich meinen Koffer packte, dachte ich an die Worte meines Bruders. Ich fragte mich, ob er recht hatte. Habe ich tatsächlich eine solche Schwäche für die Schönheit? In einer früheren Kolumne hatte ich den Arabern zugeschrieben, in der Liebe so flatterhaft zu sein wie die Arie »Habanera« aus der Oper »Carmen«. Bin auch ich so flatterhaft?

Der erste Reisetag fing mit einer einstündigen Verspätung auf einem zugigen Bahnhof im Novemberregen an. Über die Verspätung habe ich mich nicht sonderlich aufgeregt. Gerd, mein

Compagnon de route, hat nach deutscher Manier geschimpft wie ein Rohrspatz. Dabei wollte er sich eigentlich etwas von meiner arabischen Gelassenheit bei Verspätungen zu eigen machen. Die Kälte jedoch zog auch mir in die Knochen. Und als wir endlich im Zug saßen, fror ich noch immer an den Füßen, weil die Heizung im ICE ausgefallen war. Mittlerweile kann ich die Deutschen manchmal verstehen, wenn sie sich über die Deutsche Bahn beschweren.

Auf der Zugfahrt nach Süden habe ich nicht viel von der Landschaft sehen können, weil es zu dieser Jahreszeit schon so früh dunkel wird. Das Einzige, was ich wirklich wahrgenommen habe, waren die erleuchteten Wolkenkratzer in Frankfurt. Später am Abend erreichten wir endlich unser Ziel. Wir legten kurz unser Gepäck im Hotel ab und gingen schnurstracks in eine Kneipe, weil wir beide Durst hatten. Wir tranken glücklich ein großes Bier und waren dabei umgeben von jungen Leuten aus aller Herren Länder. Was für ein Unterschied zu unserer Kneipe »Schmidt's« im kleinen Rotenburg!

Am nächsten Morgen liefen wir zu Fuß durch die Stadt zu unserem Veranstaltungsort. Neben vielen schönen Geschäften bemerkten wir zahlreiche Fenster, hinter denen sich scheinbar endlose Bücherregale aneinanderreihten. Wer mag all diese Bücher lesen?

Dann sahen wir von Weitem das Schloss. Ich dachte sofort an ein arabisches Lied, in dem es heißt: »Ein Blick aus der Ferne reicht, um mein Herz für dich zu gewinnen.« Mit dem Blick auf das Schloss hatte diese Stadt mein Herz gewonnen. Trotz Regen, Wind und Kälte.

Nach unserem Workshop trieb ich Gerd zur Eile an. Ich wollte unbedingt etwas mehr von der Stadt sehen, bevor die Dunkelheit hereinbrechen würde. Zuerst führte mich Gerd zu einer alten steinernen Brücke über den Fluss, der die Stadt und das Gebirge in zwei Hälften teilt. Ich fühlte mich plötzlich wieder jung, und die Liebe zu dieser barocken Stadt übermannte mich. Ich stellte mir vor, dass von den Terrassen des Schlosses ein Burgfräulein zu mir herüberwinkt, um mich an diesem Ort zu halten. Ich verspürte überhaupt keine Lust mehr, nach Rotenburg zurückzukehren.

Als wir hinunter auf den breiten Fluss blickten, sang ich: »Gib mir den Wein der Liebe. Mit ihm werde ich meine Sorgen vergessen. Ein Leben ohne Liebe ist wie ein Fluss ohne Wasser.« In Gedanken waren wir zwei Musketiere, die nun zum Schloss eilen müssten, um die Schöne zu befreien. Aber auf dem Weg dahin stellten sich uns mehrere Hindernisse in den Weg.

Zunächst senkte sich die frühe Dämmerung über die Stadt. Ich stellte mir vor, wie das Burgfräulein uns zur Orientierung ein arabisches Lied von Fayruz von den Zinnen des Schlosses herübersingt:

»Komm, Habibi, bevor die Nacht hereinbricht!

Ich habe Angst vor der Dunkelheit, vor der Nacht und vor den Räubern.

Ich möchte keine Geschenke.

Ich möchte nur mit dir in der Dämmerung sitzen,

sodass uns niemand sieht.«

Oder war dies das Lied einer Sirene, die uns vom rechten Weg abbringen und ins Verderben stürzen wollte?

Wir entschlossen uns, schnell zum Schloss hinaufzusteigen. Wir wetteiferten mit der hereinbrechenden Dunkelheit und kämpften mit dem steilen Anstieg. Nach vier Jahren in Norddeutschland war ich alter Musketier keine Steigungen mehr gewohnt. Schon nach wenigen Hundert Metern hing mir die Zunge aus dem Hals. Durch den Regen, die Dunkelheit, die Kälte und den Wald marschierten wir wie zwei Räuber den Berg hinauf. Zum Glück fand Gerd ein paar Abkürzungen. Wie schon so oft schlug er mir Wege vor, die ich ohne ihn nicht gegangen wäre.

Plötzlich standen wir vor einer großen Villa. Sie war zu klein für eine Burg, aber zu groß für ein Einfamilienhaus. Gerd klärte mich auf, dies sei das Haus einer katholischen Studentenverbindung, und da wir erschöpft und durstig waren, schlug Gerd vor, hier um Einlass zu bitten. Mit der schweren Holztür öffnete sich mir eine völlig neue Welt. Junge Studenten mit Band und Mütze begrüßten uns höflich, luden uns zu einem Bier ein und zeigten uns das Haus. Die Studenten erklärten mir das Verbindungswesen, die große Bandbreite von Studentenverbindungen und ihren Traditionen. Ich war sehr angetan von ihrer Offenheit und Gastfreundschaft, die ich so in Deutschland selten erlebt hatte. Und ich staunte über die vielen Rituale, Bräuche und Traditionen, die so eine Studentenverbindung ausmachen: das Trinken eines Bieres nach studentischem Brauch, dem sogenannten »Comment«, das Singen von studentischen Liedern und das Kommandieren von bestimmten Feiern, die sie »Kneipe« nennen und die so gar nichts von dem haben, was ich unter diesem Begriff bisher verstanden habe. In Syrien gibt es diese Form des studentischen Brauchtums nicht.

Erfrischt und etwas beschwipst traten wir wieder vor die Tür. Oben auf dem Berg schien das Burgfräulein für uns so fern und unerreichbar, dass wir uns für den Abstieg entschieden und das Schloss für einen späteren Besuch aufsparten.

Als wir wieder unten in der Stadt waren, merkten wir, wie ausgehungert wir waren. Da wir bei unserem letzten Workshop syrisch essen waren, schlug Gerd vor, diesmal ein typisch deutsches Restaurant aufzusuchen, am besten ein Studentenlokal. Als wir das Gasthaus »Zum Seppl« betraten, schlug uns eine Wand aus warmem Bierdunst und Klaviermusik entgegen. Die Wirtin sagte, dass es leider kaum noch freie Plätze gebe, und wies uns eine Bank direkt beim Klavier zu. Dort saß ein alter Mann, der ohne Unterlass Studentenlieder spielte. Nach dem ersten Bier begann Gerd uns die Wartezeit bis zum Essen damit zu verkürzen, dass er mit dem Pianisten Studentenlieder sang, von denen er auch mir ein paar beibrachte. Ich war völlig begeistert, von der Musik, von dem alten Mann sowie von Liedtexten wie »Die Gedanken sind frei« und »Gaudeamus igitur«. Ich sagte in den Rücken des Klavierspielers, dass er sich direkt in mein Herz gespielt habe. Da drehte der Mann sich zu uns um für ein kleines Gespräch. Er erzählte uns, dass er Franz Kist heiße und bereits seit den frühen Siebzigerjahren in diesem Lokal Klavier spiele. Ich war beeindruckt von einer solchen Beharrlichkeit. Neben einigen Anekdoten aus 49 Jahren Studentenkneipe berichtete er uns unter anderem davon, dass ihn vor Kurzem eine junge Frau gefragt habe, ob man ihn auch »privat buchen« könne. Er habe leicht errötet geantwortet: »Schöne Frau, Ihr Anliegen schmeichelt mir, und der Wille ist da, aber da kommen Sie einige Jahre zu spät!« Gerd und ich verschluckten uns vor Lachen fast an unserem Bier.

Wir genossen ein herrliches Essen, weitere Geschichten von Franz aus alten Tagen und noch manch schönes Lied. Am liebsten hätte ich meinen Bruder angerufen, um ihm zu sagen, dass er zu einhundert Prozent recht behalten hatte: Ich wollte nicht mehr zurück!

Am nächsten Morgen jedoch holte uns die Realität wieder ein. Neben dem Kopfschmerz bestand diese Realität darin, dass wir Frau und Kinder in Rotenburg hatten und auch unsere Arbeit. Und so hieß es: Alles hat ein Ende, auch dieser schöne Traum. Auf der Rückreise im Zug sprachen wir nur sehr wenig.

Beim Aussteigen begrüßte ich meine Heimatstadt mit ausgebreiteten Armen: »Hallo, Rotenburg, du hast deinen Sohn wieder!« Da sprach mich von hinten eine junge Frau an: »Hallo, Herr Tannous, erkennen Sie mich noch?« Es war eine ehemalige Schülerin. Als Gerd zum Fahrradständer ging, um sein Rad aufzuschließen, traf ich eine weitere Bekannte. Und am Taxistand stieß ich schließlich noch auf meinen Freund Todde und unterhielt mich kurz mit ihm. Gerd sagte: »Siehst du, Samer – Rotenburg ist klein, aber hier bist du bekannt wie ein bunter Hund. Das ist der Vorteil einer Kleinstadt.«

Auf dem Nachhauseweg dachte ich an ein arabisches Lied:

»Willst du mich wirklich vergessen?
Werden wir uns wirklich nicht mehr lieben?
Wie oft habe ich die Leute sagen hören: Die Liebe ist ein Verräter!«

Wenn Rotenburg ein Mädchen wäre und mir dieses Lied singen würde, so antwortete ich, dass ich immer zu ihr zurückkehren würde, denn mein Lieblingslied singt immer von der ersten Liebe. Aber Heidelberg, du Feine, hättest mich fast verführt.

13. Dezember 2019

Wie ein deutscher Vater

Corona hat das Leben in Deutschland entschleunigt. Einige Menschen waren in Kurzarbeit, andere im Homeoffice, viele Freizeitaktivitäten fielen aus, und auch Treffen mit Freunden und Verwandten sind seltener geworden. In unserer Familie hat die Pandemie dazu geführt, dass wir viel Zeit zu Hause verbracht haben. Meine Frau Hala und ich hatten plötzlich viel mehr Zeit für uns. Für gemeinsame Gespräche, für gemeinsames Kochen, gemeinsame Fernsehabende und für die Liebe.

Einmal saßen wir auf unserer Couch und ließen die letzten Jahre Revue passieren: Wie wir nach Deutschland geflohen sind, wie unsere beiden Töchter hier aufgewachsen sind, wie ich eine Arbeit gefunden habe, die uns ernährt, und wie wir peu à peu die deutsche Lebensart kennengelernt haben. Dann kam uns ein verwegener Gedanke: Wie wäre es, diesen Weg mit einem dritten Kind zu krönen? Einem Kind, das unter deutschem Himmel geboren wird, von Beginn an deutsche Luft atmet und in deutschem Wasser badet.

Würde ein solches Baby wie ein arabisches Kind riechen, oder hätte es ein deutsches Aroma? Der Gedanke faszinierte uns beide. Und auch wenn ich damit wieder ein Klischee über arabische Männer erfülle, gebe ich zu, dass ich mich über einen Stammhalter mindestens genauso sehr freuen würde wie über ein weiteres Mädchen.

Auch Hala gefiel der Gedanke an ein drittes Kind, aber die Aussicht auf die viele Arbeit, den Stress und die schlaflosen Nächte bereiteten ihr Sorgen. Schließlich sagte sie: »Samer, ich wäre einverstanden, unter einer Bedingung: Du müsstest sein wie ein deutscher Vater.« Der Satz schlug bei mir ein wie eine Bombe, hinterließ Verwüstung in meinem Kopf und Sprachlosigkeit auf meiner Zunge. Ich wusste genau, was sie meinte.

Deutsche Väter, zumindest die jungen deutschen Väter, haben meist eine ganz andere Rolle als die Väter in der arabischen Gesellschaft. Schon manches Mal saßen wir in Deutschland in Restaurants oder bei Bekannten in der Nähe junger Eltern mit ihrem Baby. Wenn es anfing, verdächtig zu müffeln, ging oft der Vater mit dem Kind zum Wickeln hinaus, und die Mutter blieb am Tisch sitzen. Was für einen Deutschen eine ganz normale Szene wäre, irritiert mich jedes Mal. In einer arabischen Familie würde in 99 von 100 Fällen die Frau aufstehen, um das Kind zu wickeln. Meine Frau wirft mir dann einen vielsagenden Blick zu. Ihre Augen sagen: »Siehst du?«

Mein Bruder ist vor einem Jahr erstmals Vater geworden, er lebt schon länger in Deutschland als ich und ist eindeutig besser integriert. Er schafft es, den Anforderungen an einen jungen deutschen Vater gerecht zu werden. Er erzählte mir von einem »Geburtsvorbereitungskurs«, an dem in Deutschland oft auch die angehenden Väter teilnehmen. Und er sagte, dass hier die Männer bei der Geburt im Kreißsaal meist mit dabei sind.

Hilfe! Ich bin ein fünfzigjähriger Syrer, dessen Töchter in Syrien geboren wurden, ohne dass der Vater bei der Geburt oder der Vorbereitung dabei war. In meinem neuen Leben in Deutschland habe ich schon viele Kurse besucht und mehrere Prüfungen abgelegt, aber einen solchen Kurs und eine solche Prüfung traue ich mir nicht zu. Handelt es sich dabei eigentlich um ein Pflichtfach, wie Hala behauptet, oder um ein Wahlfach, wie ich hoffe?

Schwangerschaft und Geburt sind in Syrien immer noch Frauensache, ebenso wie die Versorgung des Säuglings. Rational betrachtet, bewundere ich die in Deutschland angestrebte Gleichberechtigung zwischen den Geschlechtern, die starke Rolle der Frauen und die Aufgabenteilung zwischen Vätern und Müttern bei der Brutpflege. Emotional jedoch bin ich davon überfordert, mich selber in dieser Rolle zu sehen. Nennt man so etwas kognitive Dissonanz? Oder bin ich einfach zu bequem?

Die Idee eines dritten Kindes saß an jenem Abend weiter unausgebrütet zwischen Hala und mir auf der Wohnzimmercouch, und wir beließen es dabei, weiter fernzusehen.

Letzte Woche bekam das Thema dann eine weitere Wendung. Meine Frau und ich fuhren mit dem Fahrrad in die Stadt. Da sahen wir auf dem gegenüberliegenden Radweg folgende Szene: eine junge Mutter auf einem Fahrrad, die im Kindersitz auf dem Gepäckträger ein Kleinkind transportierte und im Fahrradanhänger hinter sich das zweite Kind zog. Neben ihr fuhren Kinder Nr. 3 und 4, beide im Kindergartenalter, mit ihren Fahrrädern. Und gleichzeitig führte diese Frau auch noch ihren Hund an einer Hundeleine aus! Geht's noch? Hala und ich sahen uns an und staunten wieder mal Bauklötze über diese Deutschen. Später sprachen wir kurz über die Szene. Hala sagte: »Ich bewundere die deutschen Frauen. Ich könnte nicht so stark sein wie sie.«

Nach den Sommerferien wird Hala das erste Mal in Deutschland einer bezahlten Arbeit nachgehen, sie hat einen Job als pädagogische Hilfskraft an einer Grundschule bekommen. Vielleicht hängt das Thema eines dritten Kindes ja nicht allein an der Frage, ob ich es schaffe, wie ein deutscher Vater zu sein. Es hängt auch ein bisschen davon ab, ob Hala wie eine deutsche Mutter sein kann. Ob sie, wie in Deutschland oft üblich, ohne Unterstützung von Großeltern oder anderer Verwandtschaft Kindererziehung, ihren Job und den stressigen deutschen Alltag unter einen Hut bekommt, wenn ich mal nicht da bin.

Die Bedingung meiner Frau, dass ich bei einem dritten Kind

wie ein moderner deutscher Vater sein müsste, lässt mich nicht los. Ich möchte meine Frau nicht enttäuschen, ich möchte modern sein, und ich möchte mich in dieses Land integrieren. Aber ich merke, wie tief ich in fünfzig Lebensjahren durch die arabische Kultur geprägt wurde.

Napoleon wird der Satz zugeschrieben: »Die beste Möglichkeit, Wort zu halten, ist, es nicht zu geben.« Bislang halte ich es wie der berühmte Feldherr und schweige. Vielleicht brauche ich noch etwas Zeit, bis ich meiner Frau das Versprechen geben kann.

23. Juli 2020

Raketenwissenschaft

Kürzlich saß ich bei uns im Wohnzimmer und sang ein arabisches Lied vor mich hin. Der Text, ins Deutsche übersetzt, ging ungefähr so:

»Du musst nicht das schönste Mädchen sein, damit ich dich liebe.
In den Augen der anderen bist du vielleicht nur ein normales Mädchen.
Aber in meinen Augen bist du etwas ganz Besonderes.
Du oder keine!«

Meine Frau Hala war im Nebenzimmer. Als sie mich hörte, freute sie sich und kam zu mir ins Wohnzimmer, um mich zu umarmen. Obwohl sie natürlich kein »normales Mädchen«, sondern wirklich das schönste Mädchen der Welt ist. Da hatte ich die Idee, in unserer nächsten Kolumne über Schönheit zu sprechen. Was ist eigentlich Schönheit? Etwas Äußerliches? Etwas Inneres? Und gibt es da kulturelle Unterschiede?

Oft werde ich gefragt, wie mir Deutschland gefällt. Ob dieses Land inzwischen für mich zu einer neuen Heimat geworden ist. Gelegentlich antworte ich, dass ich Deutschland wirklich schön finde. Wenn das Syrer aus meiner Heimat hörten, würden sie fragen: »Was hast du denn schon in Deutschland? Du bist kein Deutscher, du hast dort kein eigenes Haus, keine Verwandtschaft, du wirst immer ein Ausländer bleiben.«

Aber ich würde antworten: Erstens leben meine Familie und ich hier in Freiheit und Sicherheit, zweitens habe ich hier eine Arbeit gefunden, die mir gefällt. Und drittens habe ich noch etwas Weiteres gefunden, das mich glücklich macht: Gerd und ich haben zwei Zentimeter Buchrücken in allen Buchhandlungen. So habe ich in jeder Stadt Deutschlands einen Botschafter, und wir bekommen jede Menge positiver Rückmeldungen. Auch dadurch ist Deutschland für mich schöner geworden.

Dass ich Deutschland aber auch optisch schön finde, wenn ich hindurchfahre, darüber hatten wir schon einmal in einer Kolumne berichtet. Ich liebe die Landstraßen, die Alleen, die gepflegten Gärten und überhaupt die Aufteilung zwischen Freifläche und Häusern. Euch Deutschen fällt das vielleicht gar nicht mehr auf. Aber wenn man in anderen Ländern Europas unterwegs ist, hat man oft den Eindruck, dass es dort irgendwie unaufgeräumter ist. In vielen dieser Länder weiß man eigentlich nie, wo ein Ort aufhört und der andere anfängt. Wohnhäuser wie auch Betriebe sind dort meist direkt an die Straßen gebaut, auch schöne Berghänge oder unzersiedelte Landschaften werden nicht verschont. Hier in Deutschland dagegen (zumindest außerhalb von Ballungsgebieten) ist immer eindeutig, wann ein Ort aufhört und ein neuer anfängt. Dazwischen liegen nämlich Felder oder Wald. Diese Gliederung ist den Bauämtern und Regionalplanern in diesem Land zu verdanken, die eine Zersiedelung der Landschaft verhindern. Und deshalb wirkt Deutschland insgesamt aufgeräumter als viele andere Länder. Ich finde das immer wieder großartig.

In Bezug auf den Begriff »Schönheit« fallen mir aber auch kulturelle Unterschiede bei den Menschen auf. Ich habe oft den Eindruck, dass Syrer mehr Wert auf Äußerlichkeiten legen. Für Deutsche dagegen scheinen innere Werte und Selbstverwirklichung wichtiger zu sein. Sie kleiden sich oft so, wie es ihnen selber gefällt, und weniger so, wie es der Erwartungshaltung ihrer Umgebung entsprechen könnte. Auch Standesunterschiede drücken sich in Deutschland weniger durch Kleidung aus als in Syrien. Und ich habe den Eindruck, dass deutsche Frauen seltener geschminkt sind als Frauen in meiner Heimat. In Deutschland hat natürliche Schönheit einen höheren Stellenwert, und davon gibt es viel in diesem Land.

Wenn Syrer eine besonders schöne Frau beschreiben wollen, sagen sie: »Sie ist schön wie der Mond.« Ein Franzose dagegen würde sagen »Sie ist schön wie die Sonne«. Was sagen die Deutschen?

Eine Antwort auf diese Frage erhielt ich eines Morgens, als ich im Zug auf dem Weg zur Arbeit war. Ich betrachte dann immer meine Mitreisenden. Oft sehen die Menschen sehr gewöhnlich aus, die meisten haben sich weder besonders schick angezogen noch sonderlich geschminkt oder frisiert. Nur manchmal sehe ich Personen, die sich besonders herausgeputzt haben. Sie strahlen aus, dass sie sich auf den Tag vorbereitet haben, und versetzen mich irgendwie in gute Laune. Aber ich habe den Eindruck, dass meine deutschen Mitreisenden diese Schönheit meist gar nicht bemerken.

Eine Ausnahme erlebte ich am letzten Schultag, bevor die Schulen in Niedersachsen wegen der Corona-Pandemie geschlossen wurden. Es regnete, und ich war auf dem Fahrrad in Regenkleidung auf dem Weg zum Bahnhof. Am Bahnsteig traf ich auf eine Frau, die mir fast den Atem verschlug. Sie war außerordentlich elegant gekleidet, perfekt geschminkt, trug hohe Absätze, telefonierte mit einem Handy und rauchte dabei eine Zigarette. In Syrien würde man sagen: »Eine Frau, für die die Fußgängerampel automatisch auf Grün springt«, weil ohnehin alle Autos stehen bleiben. Ich fühlte mich schlagartig schäbig in meinen Regenklamotten. Wir setzten uns in den Zug. Am anderen Ende des Abteils saß ein junger Mann, ich beobachtete ihn. Er stand auf und kämmte seine Haare. In Scheeßel angekommen, wollte er wie auch ich aussteigen und stand mit mir an der Tür, die Frau jedoch saß noch im Abteil, um weiterzufahren. Bevor sich die Türen öffneten, ging der junge Mann noch mal einen Schritt zurück, blickte zur Frau und sagte: »Eine echte Rakete!« Dann kam er wieder zur Tür und stieg mit mir aus. Ich konnte es kaum glauben. War das gerade wirklich passiert? In Syrien wäre das Verhalten des jungen Mannes normal, für Deutschland empfand ich es als untypisch, die Schönheit eines anderen Menschen auf diese Weise wahrzunehmen und zu kommentieren. Ich konnte das Gesicht der Frau leider nicht sehen, ihre Reaktion hätte mich interessiert. War sie pikiert wegen dieser Bemerkung und hielt den Mann für unzivilisiert? Oder hätte man vielleicht eine stille Genugtuung in ihren Gesichtszügen entdeckt?

Gelernt hatte ich an diesem Tag, dass man hier also weder Sonne noch Mond bemühen muss, um die Schönheit einer Frau zu beschreiben. Irgendwie passt es zu den Deutschen, wenn sie die Schönheit einer Frau mit einem feststoffgetriebenen Himmelsfahrzeug vergleichen.

6. August 2020

In der Warteschlange

Als im Frühjahr 2020 die Corona-Pandemie über Deutschland hereinbrach, suchte die Welt viele Monate nach einem Impfstoff. In dieser Zeit waren weite Teile des öffentlichen Lebens stillgelegt, was meine Stimmung sehr trübte. Hinzu kam: Ich konsumiere Sport gerne passiv und hatte zur Hochphase der Corona-Pandemie eine Durststrecke. Es gab keine Fußballübertragungen mehr und auch kein Tennis. Champions League, French Open, US Open, die Olympiade in Tokio, die Fußball-EM: Alles war abgesagt. Und als wieder mit Übertragungen begonnen wurde, fanden die Spiele ohne Zuschauer statt. Aber Spiele ohne Publikum sind eben nicht das Gleiche.

Ronaldo, Messi, Federer, Serena Williams – sie waren nicht länger die großen Stars. Die Aufmerksamkeit der Menschen lag in dieser Zeit auf ganz anderen Helden: den Wissenschaftlern, die in den Laboren unter Hochdruck das Virus erforschten und an einem Impfstoff bastelten. Die bekannteste Mannschaft Deutschlands war vorübergehend nicht mehr Bayern München, sondern das Robert-Koch-Institut. Jeden Tag war sein Präsident in einer Pressekonferenz zu sehen, der Mannschaftsführer Drosten in einem Podcast zu hören. Die Wissenschaftler sind bescheidener als die Sportstars. Sie arbeiten hart und ehrgeizig, aber sie suchen nicht das Rampenlicht. Sie verdienen deutlich weniger Geld als die Stürmer der Champions League, obwohl sie so viel wichtiger für uns alle sind.

Als die Firma CureVac begann, einen Impfstoff zu entwickeln, wollte Donald Trump diese Firma sofort aufkaufen, um den Amerikanern Zugriff auf einen Impfstoff (und sich selber die Wiederwahl) zu sichern. Vermutlich hatte er gehört, dass die Deutschen nicht nur im Fußball, sondern erst recht in der medizinischen Forschung zur Weltklasse zählen. Unser Wirtschaftsminister Altmaier sagte damals sinngemäß, Deutschland stehe nicht zum Verkauf. Ein neuer Wettbewerb hatte die großen Tennis- und Fußballturniere ersetzt: der Wettlauf um einen Impfstoff oder ein Gegenmittel.

Im Gegensatz zum Sport fand der Wettkampf weitgehend im Verborgenen statt. Man zeigte den Mitspielern nicht seine Karten, um Wettbewerbern keinen Vorteil zu verschaffen. Und man verkündete einen Sieg auch erst, wenn die gesamte Spielzeit durchgestanden war.

… eigentlich. Denn bald wurde deutlich, dass es für manche Politiker ein Wettkampf um Prestige war, während die Virologen ihren Beruf vor allem aus wissenschaftlichem Forscherdrang ausübten. Vladimir Putin hat sich als Erster ziemlich weit aus dem Fenster gelehnt und die Fertigstellung eines Impfstoffs verkündet, bevor dieser ausreichend getestet worden war. Um auch gleich klarzustellen, dass er die Impfstoffentwicklung als Wettlauf ansah, den er gewonnen habe, nannte er diesen Impfstoff »Sputnik«. Gleichzeitig verkündete er, dass seine Tochter den Impfstoff bereits bekommen habe. Hätte er das wohl auch getan, wenn er nicht im Verdacht stünde, eine Lüge oder wenigstens eine Übertreibung zu verbreiten?

Ich habe zwar noch nicht die deutsche Staatsbürgerschaft, aber besonders am Anfang der Pandemie war ich stolz, in Deutschland zu leben. Die Deutschen schafften es in der ersten Welle der Pandemie als eines der wenigen großen Industrieländer, das Virus schnell unter Kontrolle zu bekommen. Die ausländischen Medien berichteten mit Respekt, manchmal auch mit Neid über die niedrigen Infektionszahlen und leeren Intensivbetten hierzulande.

Noch war unklar, wer den Pokal beim Impfstoff-Wettbewerb bekommen würde. Viele Länder der Welt behaupteten damals, in diesem Rennen weit vorne zu liegen. Als Putin die Nachricht vom eigenen Impfstoff verkündete, haben bestimmt viele Staatschefs in ihren Forschungsinstituten angerufen und gefragt, wie nahe sie selbst inzwischen einem Impfstoff gekommen sind. Aber ich wette, Frau Merkel hat nicht so reagiert. Für sie, die Wissenschaftlerin, dürfte der Grundsatz gegolten haben: Gründlichkeit vor Schnelligkeit. Aus den deutschen Forschungsinstituten war zu diesem Zeitpunkt kein offizielles Statement zu vernehmen. Ich habe aber auch niemanden gehört, der ein solches Statement eingefordert hätte. Das ist etwas Besonderes. Es zeigt, dass die Deutschen vergleichsweise viel Vertrauen in ihre Politiker und Wissenschaftler haben. Und dass sie Geduld haben.

Ich habe das schon oft beobachtet: Deutsche nehmen sich ihre Zeit, um das, was sie tun, gründlich zu machen. Ich erlebe das bei Handwerkern, bei Lehrerkollegen, bei Verwaltungsangestellten. Insbesondere bemerke ich es an der Supermarktkasse. Wie die Leute ihre Einkäufe auf das Laufband legen, wie sie die Sachen in ihre Einkaufskörbe packen, wie sie ganz in Ruhe bezahlen. Die Angestellten an der Kasse haben keine Sorge, dass es in der Schlange Unzufriedenheit geben könnte. Und die Leute in der Schlange warten geduldig. Oft gibt es sogar noch ein kurzes Schwätzchen oder einen etwas längeren Abschiedsgruß an die Kassiererin. In Syrien wären die Menschen viel ungeduldiger, schimpften schneller über Wartezeiten und müssten sich rechtfertigen, wenn sie beim Bezahlen eine Verzögerung verursachen.

Wir haben hier in Rotenburg ein besonders schönes Freibad. In diesem Sommer, wie auch schon in den letzten beiden Hitzesommern, findet sich vor dem Eingang oft eine Menschenschlange, die bis auf den Parkplatz reicht. Die Leute warten in der

Sonne und schwitzen. Aber keiner meckert oder drängelt. Und der Mann an der Kasse arbeitet in exakt dem gleichen Tempo und mit der gleichen stoischen Gründlichkeit weiter wie an anderen Tagen. Er lässt sich durch die Schlange überhaupt nicht aus der Ruhe bringen. In Syrien würde in einer solchen Schlange garantiert schnell Unmut ausbrechen, Schlitzohren würden sich nach vorne drängeln, und der Kassierer würde nicht nur wegen der Hitze in Schweiß ausbrechen, sondern auch wegen des psychologischen Drucks aus der wartenden Menge. Und in der entstehenden Hektik würde er vielleicht Fehler machen.

Wenn meine Frau Hala hier in Deutschland beim Einparken etwas länger braucht, setzen wir uns selber schrecklich unter Druck. Hala wird ganz nervös, weil sie den Verkehr nicht aufhalten will, und auch ich gerate in Hektik. Aber andere Verkehrsteilnehmer, wenn sie beobachten, wie wir uns stressen, machen manchmal ein Zeichen, dass wir uns ruhig Zeit lassen dürfen. Das finde ich bemerkenswert. In Damaskus hätte es ein Hupkonzert und vielleicht auch Beschimpfungen gegeben.

Während der Pandemie stand die ganze Weltbevölkerung in der Warteschlange für einen Corona-Impfstoff. Wie groß muss hier der Druck auf Politik und Forschung gewesen sein, endlich zu liefern? Aber die deutsche Forschung arbeitete weiter gründlich, gewissenhaft und ohne Hektik an einem Impfstoff, und die deutschen Politiker verkündeten keinen Sieg, bevor die Schlacht nicht geschlagen war.

Für mich als Araber war das manchmal schwer auszuhalten. Ich weiß natürlich, dass die Suche nach einem Impfstoff Zeit benötigt, um die verschiedenen Stufen, Tests und Genehmigungen zu durchlaufen. Aber manchmal dachte ich seinerzeit, die Politik sollte den Forschern doch endlich zurufen: »Gebt mal Gas!« Dann musste ich mir in Erinnerung rufen, wie man in Deutschland diesen Wettbewerb sieht: Es ist wichtiger, einen guten und sicheren Impfstoff zu haben, als den ersten! Den Forschern, Wissenschaftlern und Politikern, aber auch den Menschen in diesem

Land ist Qualität wichtiger als Schnelligkeit. Geduld und Gründlichkeit scheinen mir bei den Deutschen tief verwurzelt, vielleicht ist auch das ein Teil des deutschen Erfolgsrezepts.

20. August 2020

Meine Hood

Wie lernt man einen neuen Menschen kennen? Wie macht man sich ein erstes Bild von ihm? In Deutschland stellt man sich zunächst mit Namen vor, wenn man einen fremden Menschen kennenlernt. Als Zweites folgt meist schon die Frage: »Und was machst du?« Gemeint ist damit: In welchem Beruf arbeitest du? Dies ist in meinen Augen typisch für Deutschland und unterstreicht den hohen Stellenwert, den Arbeit und Leistung in diesem Land haben.

In Syrien dagegen läuft das anders ab. Man stellt sich auch hier in informellem Rahmen zunächst nur mit dem Vornamen vor. Die erste Anschlussfrage ist die nach dem Nachnamen. Das ist deshalb wichtig, weil der Nachname erstens einen Hinweis auf die Religionszugehörigkeit geben kann, zweitens kennt man oft den Nachnamen und weiß, zu welcher Großfamilie die Person gehört. Als Drittes folgt die Frage nach dem Wohnort. Die Antwort darauf gibt Aufschluss über den sozialen Status. Kommt die Person aus einem der reichen Viertel, wo die Luxusvillen der Regierungsbeamten stehen, aus einem ärmeren Wohngebiet, oder gehört sie der Mittelschicht an? Dieser ritualisierte arabische Small Talk liefert einem also viele Informationen über das soziale Gefüge, aus dem der Gesprächspartner stammt.

In Deutschland dagegen führen Kennenlerngespräche in der Regel nicht so schnell dazu, in eine bestimmte Schublade gesteckt zu werden. Auch hier fragt man eine neue Bekanntschaft gerne, wo diese wohnt. Aber nur aus Interesse, weniger, um etwas über den sozialen Status oder die Religionszugehörigkeit zu erfahren. Ich frage das hier in Rotenburg auch oft Menschen, die ich treffe. Und mir ist aufgefallen: Immer häufiger kann ich die Antworten einordnen. Ich kenne inzwischen die meisten Ecken unserer Kleinstadt und weiß meist sofort, wo mein Gesprächspartner wohnt. Das macht mich zufrieden. Ich fühle mich dann gleich heimisch in Rotenburg. Hier ist meine »hood«, hier kenne ich mich aus.

In Syrien antworten übrigens viele Menschen auf die Frage, woher man kommt, mit dem Namen der nächsten Großstadt. Auch viele Flüchtlinge in Deutschland antworten so, wenn man nach ihrer Herkunft fragt. Sie sind stolz, wenn sie z. B. sagen können: »Ich komme aus Damaskus!« Der Name der Großstadt strahlt Modernität, Weltbürgertum und Kultiviertheit aus. Tatsächlich aber kommt die Person dann vielleicht gar nicht aus Damaskus, sondern aus einem ländlichen Vorort in der Region Damaskus, viele Kilometer von der Hauptstadt entfernt. Das wäre so, als wenn ich behaupten würde, ich käme aus Hamburg, obwohl ich im kleinen Rotenburg (Wümme) lebe. Einfach, weil das besser klingt. Aber ich bin zufrieden in meiner Kleinstadt und stehe zu ihr, auch weil ich sie inzwischen so gut kenne.

Wenn sich ein Mann in eine Frau verliebt und mit ihr zusammenkommt, lernt er sie nach und nach immer besser kennen. Er entdeckt verschiedene Facetten ihres Charakters, lernt ihren Körper und ihre Seele kennen, versteht Vorlieben und Abneigungen. Erst wenn man glaubt, sich sehr gut zu kennen, und sich dann immer noch mag, sollte man heiraten. Mit einem neuen Land ist es ebenso. Ich habe mich früh in Deutschland verliebt und anschließend immer mehr Eigenarten dieses Landes und seiner Bewohner kennengelernt. Ich hoffe, dieses Land bald gut genug zu kennen, um mich mit ihm zu vermählen. Als Hochzeitstermin habe ich das Datum meiner Einbürgerungsfeier vorgemerkt.

Ein syrischer Freund von mir lebt mittlerweile in Hamburg. Er hat früher, wie viele Syrer, in Dubai gearbeitet. Manch einer seiner ehemaligen Kollegen von dort ist nach Kanada weitergezogen, nur um wenige Jahre später, mit einem kanadischen Pass in der Tasche, nach Dubai zurückzukehren. Ich denke, sie sind weder im luxusstarrenden Dubai noch im liberalen Kanada wirklich heimisch geworden. Sie leben in Dubai wie in einer Kunstwelt, ihre Stadt hat wenig Geschichte, keine gewachsene Struktur. Wenn diese Leute mit meinem Freund in Hamburg telefonieren, fragen sie ihn: »Was findest du nur an Hamburg? Hier in Dubai sind die Häuser moderner und die Autos größer. Warum bleibst du so lange dort? Es ist doch sicher kalt, und du sprichst kein Deutsch.« Aber ich weiß, warum mein Freund in Hamburg bleibt. Es ist der gleiche Grund, warum ich mich in Rotenburg wohlfühle: Hier hat alles Geschichte, und es gibt viele Geschichten. Die Straßen und die Häuser erzählen Geschichten, die Menschen und die Kultur dieses Landes sind eng mit seiner Historie verwoben. Nichts ist beliebig. Man findet kleine, verwinkelte Wege, alte Häuser und Straßennamen, die nach Politikern, Künstlern oder anderen Persönlichkeiten benannt sind. All das gibt es in Dubai eben nicht. Heimat ist mehr als essen, trinken und schlafen, denn das kann man überall. Mein Freund aus Hamburg hat das verstanden.

Ich glaube, man kann sich nur wirklich in ein Land integrieren, wenn man es auch kennt. Wenn man einen Bezug zu seinem Wohnort und seinem Lebensumfeld entwickelt. Nur so kann man die Schönheit und die Eigenarten einer neuen Heimat erkennen. Wenn das geschieht, fühlt man sich nicht mehr alleine, wenn man durch die Stadt geht. Daran arbeite ich weiter und entdecke jeden Tag neue Facetten meiner zweiten Heimat, auch wenn es viel Zeit braucht.

Das funktioniert auch in Bezug auf die Kultur eines Landes. Gestern Abend auf einer Feier habe ich Gerd erzählt, dass ich ein

Lied von einem Sänger namens Udo Lindenberg gehört habe, das mich sehr angesprochen hat. Es heißt »Durch die schweren Zeiten«. Ich habe festgestellt, dass offenbar die meisten Deutschen diesen Sänger kennen. Wir unterhielten uns anschließend noch über weitere seiner Lieder sowie andere deutsche Musiker und deren Texte. Ich habe ein bisschen besser verstanden, was der Begriff »Schlager« bedeutet und wann dieser Begriff ein Musikstück aufwertet oder abwertet. Das ist ganz schön komplex, aber wieder fühlte ich mich ein Stück mehr heimisch. Ich hatte nicht nur einen Anknüpfungspunkt für ein Gespräch, sondern ich habe mir einen weiteren Nanopartikel Deutschland erschlossen. Je mehr ich von diesem Land verstehe, desto mehr bin ich ein Teil davon.

Letzte Woche war ich mit meinen Töchtern bei der Ausländerbehörde, um unseren Aufenthaltstitel zu verlängern. Dabei erkundigte ich mich, wann ich einen unbefristeten Aufenthalt beantragen könne. Zu meiner Freude sagte die Frau am Schalter, dass dies schon bald der Fall sein würde. Meine ältere Tochter, die neben mir stand und meine Freude bemerkte, fragte mich, ob wir dann »almani«, also Deutsche sein würden. Ich antwortete, dass dies dann zwar noch nicht der Fall wäre, aber ein wichtiger Schritt dahin. In wenigen Jahren könnte ich dann die deutsche Staatsbürgerschaft beantragen. Sie fragte: »Und ich auch?« Ich antwortete, dass sie leider erst die deutsche Staatsbürgerschaft bekommen kann, wenn sie 16 Jahre alt ist. Da wurde sie sauer. Sie sagte: »Das ist ungerecht! Warum kann ich nicht vor dir eine Deutsche werden? Ich spreche doch schon viel besser Deutsch als du!«

3. September 2020

Integration 2.0

Ich habe mich verändert in den letzten Jahren. Mehrmals in der Woche gehe ich heute laufen. Diese deutsche Mode war vor ein paar Jahren noch fremd für mich.

Ich benutze endlich einen richtigen Kalender. Wie die Deutschen.

Vor einigen Jahren war ich noch stolz, dass ich gelernt hatte, eine Bierflasche mit dem Feuerzeug aufzumachen. Als wir kürzlich nach dem Basketball in der Umkleide noch ein Bier getrunken haben, habe ich den Kronkorken schon am Rand der Kiste aufmachen können wie meine Sportkameraden. Zack!

Was ist mit mir passiert?

Ein indianisches Sprichwort sagt: »Urteile nicht über einen Menschen, wenn du noch nicht einen Tag in seinen Mokassins gelaufen bist.« Ich habe das Gefühl, dass ich inzwischen mit Tennissocken in Sandalen laufe und meine deutschen Mitbürger immer besser verstehe. Ich verlasse die Etappe meiner Integration, wo ich mich über dieses Land gewundert und neue Dinge kennengelernt habe. Ich werde zunehmend ein Teil dieser Gesellschaft.

Ich wechsele die Seiten. Ich bin nicht mehr der, der neu nach Deutschland gekommen ist, ich bin ein Syrer *in* Deutschland. Die neue Etappe auf meinem Weg bedeutet: Ich schwimme kulturell nicht mehr länger nur an der Oberfläche, sondern ich kann tauchen.

Vor fünf Jahren sagte Angela Merkel »Wir schaffen das«, die Medien sind in diesen Tagen voller Rückblicke auf diese Zeit. Und ich nehme den Satz zum Anlass, um mich zu fragen: Wo stehe ich eigentlich nach fünf Jahren in Deutschland? Habe auch ich es geschafft?

In unseren Workshops mit Zuwanderern fragen wir oft die Teilnehmer, wo sie sich selber auf einer Skala von 0 bis 100 einsortieren würden, wenn es um das Thema Integration geht. Viele von ihnen geben sich dann 50, 60 oder sogar 70 Punkte auf dieser Skala, obwohl sie zum Teil erst ein Jahr in Deutschland leben und noch keine Arbeit haben. Anschließend sage ich ihnen, wo ich mich selber einsortieren würde: bislang bei 20 Punkten! Obwohl ich schon mehrere Jahre in diesem Land lebe und arbeite und obwohl ich mit Gerd zahlreiche Kolumnen über dieses Land verfasse. Aber ich weiß, wie vielfältig Deutschland ist, wie groß die kulturellen Unterschiede zu uns Arabern sind und wie komplex das menschliche Miteinander in diesem Land. Es dauert lange, bis man da durchblickt, und noch länger, bis man wirklich dazugehört.

Als ich letztens auf dem Sofa saß und im Fernsehen die berühmten Worte unserer Bundeskanzlerin von damals hörte, stellte ich mir erneut die Frage, wie viele Punkte ich nun auf der Integrationsskala hätte. Welche Entwicklung hat der Protagonist in meiner Zuwanderungsbiografie genommen? Dabei ging es mir weniger um die sichtbaren Merkmale der Integration, also ob man Arbeit hat, die Sprache spricht oder sich wie die Deutschen kleidet und benimmt. Sondern ich fragte mich, inwieweit meine *Seele* schon einen schwarz-rot-goldenen Anstrich bekommen hat.

In einer früheren Kolumne haben wir mal darüber geschrieben, dass Araber meist grelles Licht mögen, die Deutschen dagegen eher warmes Licht. Man sieht das, wenn man abends an Wohnungen oder Geschäften von Arabern vorbeifährt und die bläulich hell erleuchteten Fenster sieht. Vor einiger Zeit haben wir von einer Freundin eine Lampe bekommen, die warmes Licht ausstrahlt, sie stand meist ungenutzt in der Ecke unseres Wohnzimmers auf einem Regal. Ich saß also auf dem Sofa vor der Tagesschau und sah Frau Merkel beim Regieren zu, als ich bemerkte, dass ich *diese* Lampe anhatte und nicht unsere helle Deckenlampe. Ich mache das in letzter Zeit öfter, denn das grelle Deckenlicht stört mich zunehmend. Meinen Kindern und meiner Frau geht es ebenso. Meine Frau findet das etwas schummrige Licht aus der Ecke inzwischen sogar romantisch, das ist neu. Haben wir etwa unbewusst die deutsche »Gemütlichkeit« zu schätzen gelernt, die uns früher so fremd war?

Wir haben auch schon mal über die deutsche Geduld geschrieben und darüber, dass Deutsche im Vergleich zu Arabern eher nüchtern und kontrolliert handeln, seltener aufbrausend sind. Inzwischen stelle ich fest, dass auch ich im Unterricht viel ruhiger bleiben kann, wenn meine Schüler frech sind oder sich streiten. Ich höre geduldig den Streithähnen zu und versuche, sie zu beruhigen. Das war am Anfang meiner Lehrertätigkeit in Deutschland noch anders. Vielleicht liegt das auch an zunehmender Routine im Job, aber diese Gelassenheit habe ich mir ein Stück weit von den Deutschen abgeschaut.

Anderes Beispiel gefällig? Für die Deutschen ist ein Nein ein Nein. Wenn ein deutscher Besucher bei uns nichts trinken möchte, möchte er nichts trinken. Im Gegensatz zu früher versuche ich heute nicht mehr, Gäste dazu zu überreden, doch noch etwas zu trinken, wenn sie dies einmal abgelehnt haben. Früher hätte ich, getreu der arabischen Gastfreundschaft, dem Gast so lange ein Getränk aufgedrängt, bis er es angenommen hätte. Es sind kleine, kaum wahrnehmbare Veränderungen, die in meinem Verhalten, Denken und Fühlen hier in Deutschland eingetreten sind.

Wenn mir in den letzten Jahren ein Deutscher einen Gefallen angeboten hat, habe ich zunächst meist abgelehnt, weil ich es als

Araber unhöflich gefunden hätte, sofort darauf einzugehen. Ich dachte: Wenn das Angebot ernst gemeint war, würde es sicher wiederholt werden. Oft blieb die Wiederholung des Angebots dann ebenso aus wie der Gefallen. Die Deutschen sind nun mal so. Inzwischen jedoch bemerke ich, dass ich öfter »Ja« sage, wenn mir jemand etwas anbietet, ohne mich dabei schlecht zu fühlen. Ich kommuniziere direkter, wie die Deutschen.

Mein Leben ist auch geordneter geworden, ich bin organisierter. Gerd und ich haben in Workshops zwar vielen Zuwanderern erzählt, wie wichtig für die Deutschen Terminplanung ist, und ich hatte stets auch selber einen Kalender dabei. Allerdings habe ich diesen Kalender nur selten benutzt. Zu diesem Schuljahr jedoch, in dem ich endlich eine Festanstellung habe, habe ich mir einen richtigen »Lehrerplaner« zugelegt. In diesem Heft sind fein säuberlich alle Klassenarbeiten und Konferenzen eingetragen, ebenso wie meine nebenberuflichen Termine. Als eine Lehrerkollegin bei der Suche nach einem gemeinsamen Termin meinen Planer sah, war sie überrascht und bemerkte, wie gut organisiert ich sei. Ich antwortete: »Das habe ich von euch Deutschen gelernt.«

Eine weitere Veränderung an mir hat meine Frau Hala entdeckt: Früher in Syrien war der Kontakt zu Frauen für mich ein Heimspiel. Ich hatte das Gefühl, eine Frau schon durch einen Blick zu verstehen, schrieb Gedichte an einige meiner Bekannten und flirtete gerne ein bisschen. Als ich nach Deutschland kam, benahmen sich die Frauen plötzlich völlig anders, waren viel selbstbewusster als arabische Frauen, und ihre Blicke waren für mich undurchdringlich. Inzwischen jedoch fühle ich mich im Umgang mit deutschen Frauen sicherer. Ich kommuniziere sachlicher, nüchterner und direkter. Ich versuche Komplimente zu machen, ohne zu flirten. Ich habe gelesen, dass es im Deutschen 350 verschiedene Bezeichnungen für den Anfang oder das Ende eines Brotlaibs gibt. Aber für das »Flirten« haben die Deutschen nur ein Lehnwort, es gibt keine deutsche Übersetzung. Wahrscheinlich flirten Deutsche einfach weniger.

Meine Frau bemerkte diese Veränderung bei mir und sang mir spaßeshalber das arabische Lied »Ettala' Fia« der Sängerin Carole Samaha vor:

»Sieh mich direkt an
Deine Augen sind nicht deine Augen
In deinem Blick fehlt etwas
Du kommst mir fremd vor
Was hat dich verändert?
Wo ist das Kind in dir? Warum bist du alt geworden?
Wer ist der Grund?
Wo ist die Liebe, die groß wie die Welt ist und die niemand besiegen konnte?
Ich habe deine Augen gemalt und deine Lippen gezeichnet.
Du kannst dich vielleicht selbst belügen
Aber nicht mein Herz.«

19. September 2020

Dur oder Moll mit Udo Lindenberg

Als der französische Präsident nach der verheerenden Bombenexplosion am Hafen die Stadt Beirut besuchte, galt sein erster Besuch nicht etwa dem libanesischen Ministerpräsidenten, sondern der inzwischen 85 Jahre alten Sängerin Fairuz, der bekanntesten Sängerin im Orient. Seine Begründung für diesen ungewöhnlichen Schritt war, dass ihre Musik in dieser schweren Situation für das Land eine wichtige Rolle zu spielen hat. Vielleicht war die Botschaft von Fairuz' Musik, die das ganze Volk miteinander verband, in diesem Moment wichtiger als das Gezänk der Parteien.

Ich denke, Musik ist eine Kunst, die einerseits kulturelle Unterschiede verdeutlicht, aber andererseits auch Menschen verschiedener Kulturen zusammenbringen kann. Sie ist die einzige Sprache, die keine Übersetzung braucht.

In diesem Sinne spielte ich kürzlich einer deutschen Freundin, die bei uns zu Besuch war, ein arabisches Lied vor. Sie hatte schon am Anfang des Stückes das treffsichere Gefühl, es ginge in dem Lied um eine tragische Liebe, obwohl sie den Text gar nicht verstand. Sie sagte mir, dass sich arabische Musik für ihre Ohren eigentlich immer traurig und melancholisch anhört. Als sie das sagte, hielt sie mir den Spiegel vor. Das war neu für mich, denn normalerweise ist es meine Rolle, den Deutschen den Spiegel vorzuhalten. Als unsere Freundin wieder gegangen war, wollte ich ihre These prüfen. Ist die arabische Musik wirklich so traurig?

Beim Durchforsten alter wie auch neuer arabischer Alben fand ich ihre Aussage bestätigt. Plötzlich realisierte ich, wie sentimental und schwermütig viele der Stücke sind. Zum Beispiel die Musik der bekannten Sängerin Um Kulthum, deren Spitzname »Stern des Orients« war. Der SPIEGEL schrieb zu ihrem Tod im Jahr 1975 einen langen Artikel über sie. Zu ihren Konzerten zogen sich die Leute die besten Sachen an, als ob sie in eine Oper gingen. Die instrumentale Einführung ihrer Stücke dauerte manchmal bis zu fünf Minuten, bevor sie anfing zu singen. Ihre Texte waren so unsagbar traurig und schwer wie die Musik, und auf diese Weise zauberte sie den Zuhörern Tränen in die Augen.

Oder mein Lieblingssänger George Wassouf. In einem seiner Lieder heißt es:

»Wenn die Leute mich sehen, sagen sie, wie zufrieden ich aussehe. Deshalb singe ich: Kommt und fragt mich nach meinem Leben. Alle Ärzte der Welt könnten keine Medizin finden, die meine Wunden heilt.«

Araber tragen halt gern etwas dick auf. Arabische Liedtexte versinken oft in Leid und Trauer. Ihre Kunstform zeichnet sich dadurch aus, den Schmerz möglichst tief auszukosten. Und obwohl ihre Lieder manchmal traurig sind, tanzen die Araber dazu.

In der arabischen Musik geht es meist darum, die eigene Tragik, ob individuell oder gemeinsam durchlitten, möglichst eindrücklich zu beschreiben. Die dominante Tonart ist Moll, und die Melodieführung hat meist eine absteigende Tendenz. Vergangene oder enttäuschte Liebe ist dabei ein Motiv, das man ewig recyceln kann. Und das wird, zumindest für den Geschmack der nüchternen Deutschen, in überschwänglicher Sprache beschrieben. Woher dieser Hang zu traurigen Melodien bei den Arabern kommt, kann ich nicht sagen. Wahrscheinlich erfüllt der musikalische Widerhall dieser Gefühle auch eine psychologische Funktion im Umgang mit Trauer und Schmerz.

Mit Musik kann man Gefühle teilen, das ist ihre wichtigste Rolle. Musik ermöglicht einen Einblick in das Seelenleben des Verfassers. Gewährt die Musik verschiedener Kulturen dann auch einen Einblick in das Seelenleben dieser Völker? Kann die Musik zwischen Orient und Okzident vermitteln?

Auch in der deutschen Musik, ob gegenwärtig oder klassisch, ist die tragische Liebe ein häufiges Motiv. Auch deutsche Liedtexte kennen die Beschreibung von Trauer und Schmerz. Aber meist gibt es einen Rettungsanker im Text wie auch in der Musik, einen Gedanken, der wieder aufrichtet. Das ist, finde ich, typisch für die deutsche Musik und unterscheidet sie eindeutig von der arabischen Kultur. Dur und Moll wechseln sich im deutschen Barock und in der Klassik ebenso ab wie in der hiesigen Popmusik, und die Melodieführung wendet die Stimmung nach eher düsteren Passagen oft ins Positive, Erbauliche.

Wenn man anfängt, die Musik eines anderen Volkes wirklich aufzunehmen, kann das der erste Schritt in eine fremde Kultur sein. Wir haben in einem vorangegangenen Kapitel darüber geschrieben, wie mir das Lied »Durch die schweren Zeiten« von Udo Lindenberg die Gefühlswelt der Deutschen nähergebracht hat. Und es ist ein gutes Beispiel dafür, dass es in deutschen Liedern bei aller Ausweglosigkeit oft den Hinweis auf das Licht am Ende des Tunnels gibt:

»Es geht nicht immer geradeaus, manchmal geht es auch nach unten (…)
Ich trag dich durch die schweren Zeiten
So wie ein Schatten werd ich dich begleiten (…)
Denn es ist nie zu spät, um noch mal durchzustarten
Weil hinter all den schwarzen Wolken wieder gute Zeiten warten.«

Im Titelsong der syrischen TV-Serie »Pack deine Sachen« von Carmen Toukaji geht es um Abschied, Trauer und Schmerz syrischer Familien vor dem Hintergrund der Fluchtbewegungen der letzten Jahre. Bei der zitierten Liedstelle von Udo Lindenberg muss ich immer daran denken, dass es heute kaum eine syrische Flüchtlingsfamilie in Deutschland gibt, die nicht mindestens einen deutschen Ehrenamtlichen als Begleiter an ihrer Seite hatte, der sie durch schwere Zeiten mitgetragen hat. Für viele syrische Flüchtlinge hat sich Deutschland auch dadurch als die gute Zeit hinter den schwarzen Wolken erwiesen.

Ich habe den Eindruck, das Versinken in Trauer und Hoffnungslosigkeit ist Euch Deutschen eher wesensfremd. Es drückt sich in Eurer Musik aus, aber auch in Eurem Leben und in der Politik. Deutsche sind vielleicht nicht immer sonderlich optimistisch und lebensfroh, aber sie wälzen sich auch nicht im Selbstmitleid. Im Alltag erlebe ich die Deutschen meist als zupackend und lösungsorientiert, nach dem Motto: »Das kriegen wir schon wieder hin.«

Deutsche Musik ist für Zuwanderer noch aus einem weiteren Grund zu empfehlen: Sie hilft uns bei der richtigen Aussprache. Für erwachsene Araber, die neu nach Deutschland kommen, ist es fast unmöglich, ein sauberes »ch« so auszusprechen, wie es die Deutschen tun. Bei uns wird fast immer ein »sch« daraus. Wir sagen »isch« statt »ich«. Unsere Tochter Christina spielt seit einem Jahr Gitarre und hat neulich ein neues Lied gelernt, zu dem sie auf Deutsch singt. Sie hat es in den letzten Tagen gefühlte einhundertmal geübt, und meine Frau Hala und ich haben versucht, mitzusingen. Es heißt »Ich kenne einen Cowboy …« Das lang gezogene »ich« am Anfang hat uns fasziniert und ist jedes Mal eine Herausforderung, an der wir zuverlässig scheitern. Wenn wir es jemals schaffen sollten, dieses »ich« so perfekt auszusprechen wie unsere Tochter, werden wir uns sofort zum Einbürgerungstest anmelden.

16. Oktober 2020

Fühlt sich gut an, diese deutsche Sicherheit

Deutschland ist ein sehr sicheres Land. Und den meisten Deutschen ist ihre Sicherheit, auch die materielle, sehr wichtig. Sie planen alles weit im Voraus, halten sich an Regeln, sparen für ihre Altersvorsorge und arbeiten gern lange bei demselben Arbeitgeber. Es gibt ein dichtes soziales Netz, geringe Kriminalität und Blitzableiter auf jedem Haus.

In Syrien hatte ich nie dieses Gefühl von Sicherheit, und das hatte zunächst noch nichts mit dem Bürgerkrieg zu tun. Mein Lebensweg in Syrien war immer etwas unstet, ich habe oft von einem Tag zum anderen gelebt, ohne ein bestimmtes Ziel. Nach dem Abitur bin ich nach Frankreich gegangen, wollte Informatik studieren, habe mich dann aber für Französische Literatur entschieden, bin nach Syrien zurück und habe als Hotelangestellter, Fremdenführer, Übersetzer, Lehrer und Hochschuldozent gearbeitet. Stets als Angestellter, aber nie mit einem unbefristeten Vertrag. Und ich war Single.

Sicherheit war für mich weniger wichtig als meine Freiheit und das Bedürfnis, mir möglichst viele Optionen offenzuhalten. Das ist nicht unbedingt typisch syrisch. Für viele meiner Landsleute waren eine Festanstellung, ein Haus, eine Ehe und Familie durchaus wichtig. Auf mich jedoch traf das lange Zeit nicht zu.

Erst mit 39 Jahren kam bei mir der Gedanke auf, zu heiraten. Welche genau festgelegten Schritte im Vorfeld einer syrischen Hochzeit zu absolvieren sind, davon war in einer früheren Kolumne schon einmal die Rede. Unter anderem muss man beim Brautvater um die Hand seiner Tochter anhalten. Bei diesem Gespräch sind die ersten und auch wichtigsten Fragen: »Was arbeitest du? Hast du eine Festanstellung? Hast du ein Haus?« Ich erlebte folglich ein Waterloo. Zerknirscht musste ich auf jede dieser Fragen mit einem Nein antworten. Zum Glück griff meine Frau ein und sagte: »Wir werden nicht verhungern! Die Hauptsache ist, dass ich Samer liebe!«

Das überzeugte meinen Schwiegervater zum Glück, weil auch er seine Tochter liebte. Aber nach unserer Hochzeit habe ich zu meiner Frau gesagt, dass ich mir nun wie andere vernünftige Menschen auch eine Festanstellung suchen werde. Eine feste Stellung als Lehrer an einer staatlichen Schule in Syrien setzt eine Prüfung voraus, und anschließend verdient man deutlich weniger als in der freien Wirtschaft. Aber ich sagte mir: Ein stetig fließendes Bächlein ist besser als ein großer Fluss, der manchmal kein Wasser führt. Und so bewarb ich mich, neben meiner Dozententätigkeit an der Uni, um eine Festanstellung an einer Schule. Ich dachte, dass mein Lebenswandel nun solider werden würde und mein Leben ruhiger. Doch ich hatte mich getäuscht.

Neue Lehrer werden in Syrien für ihre erste Station zunächst an kleine Schulen in dünn besiedelten Gebieten versetzt. Ich kam in ein Dorf bei Jarablus, im Kurdengebiet an der türkischen Grenze. Hala blieb in Damaskus. Auf der Reise nach Jarablus nahm ich den Nachtbus und dann ein Taxi. Ich kam in dieser Nacht aus dem lebendigen, hektischen und urbanen Damaskus und fühlte mich nun sehr fremd in dieser verlassenen Gegend im Grenzgebiet, in der ein anderer Dialekt gesprochen wird und auch die Lebensverhältnisse anders sind. In Australien würde man eine solche Region als »Outback« bezeichnen. Der Taxifahrer schien in dieser Gegend genauso fremd wie ich und kurvte ein wenig verwirrt durch die Gegend. Nachts um vier Uhr kamen wir am Haus des Schulleiters an und klingelten ihn aus dem Bett. Ich stand in Jeans und Pullover vor dem Schulleiter, der einen traditionellen Kaftan trug und mich nun überschwänglich begrüßte. Um fünf Uhr in dieser Nacht fuhren wir zur Schule. Sie bestand aus drei Räumen. Einer davon war mein Schlafzimmer, nur ohne Bett. Statt einer Küchenzeile stand ein kleiner Gaskocher im Raum.

Alles war sehr fremd für mich. Nach wenigen Stunden unruhigem Schlaf kam ein Mann aus dem Dorf und brachte mir eine große Frühstücksplatte mit Produkten aus dem Dorf, vor allem Milch und Fleisch. Ich war überwältigt von dieser Gastfreundschaft einem Fremden gegenüber, die typisch für die Leute dort war. Eine Stunde später begann schon mein erster Unterricht. Ein anderer Lehrer aus dem Dorf stellte mich meinen Schülern vor. Diese Menschen waren arm, aber ungemein fröhlich, nett und herzlich.

Meine Zeit an dieser Schule dauerte nur einen Monat und war in der Rückschau wie ein kleines Abenteuer. Später war ich an einer Schule in Damaskus und konnte nebenbei wieder an der Uni als Dozent arbeiten. Dann kamen die Unruhen und die politische Krise in Syrien, später kamen auch die Raketen. Man lebte in der ständigen Angst, dass irgendwo eine Autobombe hochgehen oder eine Granate einschlagen könnte. Zunehmend flohen Syrer aus ihren Dörfern und Städten, teils in andere Regionen, teils in andere Länder.

Im syrischen Fernsehen gab es damals die bereits erwähnte Fernsehserie mit dem Titel »Pack deine Sachen«, in der es um den Bürgerkrieg und die Flucht vieler Syrer geht. In dem Titelsong heißt es:

»Bring mich in irgendein Land und vergiss mich.
Wirf mich ins Meer.
Stell dir keine Fragen, ich habe keinen anderen Ausweg.
Ich gehe nicht, weil ich nur eine Luftveränderung brauchte.
Mein Haus ist vom Krieg zerstört.
Der Rauch des Krieges hat mich blind gemacht.
Lass es mich versuchen, irgendwie.«

Nach zwei Jahren zogen Hala und ich fort aus Damaskus in meine alte Heimat Hama, wo ich ein bisschen an einer kleinen Schule auf einem Berg unterrichten konnte und nebenbei an der dortigen Hochschule jobbte. Wir suchten weiter nach dem kleinen Bächlein Sicherheit, fanden es aber nicht. Das geringe Gehalt reichte nicht für die ständig steigenden Preise, der Krieg hörte nicht auf, und unsere wirtschaftlichen Perspektiven verschlechterten sich immer mehr. Also trafen wir schweren Herzens die Entscheidung, unser Heimatland zu verlassen und ins kalte, fremde, geheimnisvolle Deutschland auszuwandern.

Über die vielen kleinen Unsicherheiten meines Lebens in Deutschland haben wir viel geschrieben. Eine Frau in Berlin sagte damals: »Wir schaffen das.« Und eines habe ich nun, fünf Jahre später, auch geschafft. Endlich kann ich aus einem kleinen Bach der Sicherheit trinken. Denn ich habe, zum ersten Mal in meinem Leben, eine Festanstellung! Vergangene Woche habe ich an der Schule in Scheeßel unterschrieben. Als ich mit dem Vertrag in der Tasche vom Bahnhof nach Hause radelte, platzte ich fast vor Stolz. Zu Hause sagte ich zu meiner Frau: Jetzt kannst du deinen Vater anrufen und ihm erzählen, dass sein Schwiegersohn eine feste Anstellung hat und seine Tochter sicher ist.

Ohne die Hilfe der Schule und vieler Freunde in den letzten Jahren hätte ich diese Festanstellung nicht bekommen. Ich hätte manches nicht so schnell erreicht. Für viele Bereiche unseres neuen Lebens in Deutschland gilt, dass meine Familie und ich oft Rückenwind hatten, für den wir sehr dankbar sind.

Fühlt sich gut an, diese deutsche Sicherheit! Ich denke, dass dies für mich ein wichtiger Schritt zur Integration in diesem Land ist. Den Deutschen ist Sicherheit fast so wichtig wie Pünktlichkeit. Sie schließen Versicherungen gegen alles Mögliche ab. Ich habe in den nächsten Tagen einen Termin bei einem Versicherungsfachmann. Ich möchte eine Haftpflichtversicherung abschließen.

2. Oktober 2020

Elf Freundinnen müsst ihr sein

In unseren Workshops über kulturelle Unterschiede weisen Gerd und ich oft darauf hin, dass Pünktlichkeit in Deutschland »eine Religion« sei. Inzwischen weiß ich, dass dies nicht der einzige Gott ist, den Ihr Deutschen verehrt. Der andere nämlich heißt Fußball. Und während wir in unseren Texten oft versuchen, kulturelle Unterschiede zwischen Deutschen und Syrern aufzeigen, gibt es bei diesem Thema eine Gemeinsamkeit, denn auch viele Syrer lieben den Fußball.

Leider war er lange Zeit überschattet, als viele Spiele der Bundesliga wegen Corona vor leeren Rängen stattfanden. Deshalb sah ich mir während der Pandemie kaum noch Spiele im Fernsehen an, obwohl Fußball meine große Leidenschaft ist. Es machte einfach keinen Spaß mehr. Früher habe ich regelmäßig lange Kommentare über Fußballspiele auf Facebook geschrieben, die in meinem arabischen Bekanntenkreis von vielen Followern gelesen wurden. Wenn ich auch kein großer Fußballer geworden bin, so habe ich es zumindest zu einem guten Kommentator gebracht.

Ich war immer verrückt nach Fußball. Während des Bürgerkriegs bin ich in Syrien manchmal zu einem Freund gegangen, der Al-Dschasira empfangen konnte, um dort Spiele der Champions League zu sehen. Ich musste einfach zu ihm gehen, obwohl gerade

Raketen über die Stadt flogen. Meine Frau war wütend und verstand nicht, warum ich mich diesem Risiko aussetzte. Aber für mich war ein Leben ohne Fußball kein Leben.

In Syrien ist Fußball übrigens Männersache. Sie meinen, in Deutschland auch? Nicht in meinen Augen, denn hier gehen auch viele Frauen ins Stadion, und Frauenfußball ist inzwischen eine anerkannte Sportart. Das ist in Syrien ganz anders, Frauen in meiner Heimat kennen meist nicht einmal die Regeln.

Ich behaupte: Im deutschen Sport gibt es Gleichberechtigung zwischen den Geschlechtern. So gut wie alle Sportarten, die Männer machen, können grundsätzlich auch Frauen ausüben und umgekehrt. Zwar ist der Frauenfußball weniger populär als der Männerfußball, und beim Jazzdance findet man mehr Frauen als Männer. Da Frauen und Männer unterschiedlich sind, interessieren sie sich oft auch für verschiedene Sportarten. Aber beide Geschlechter haben die *Möglichkeit* und das Recht, alle Sportarten auszuüben, was nicht selbstverständlich ist. Die deutsche Fußball-Nationalmannschaft der Frauen spielt dadurch auf einem sehr hohen Niveau. Manchmal denke ich, sie würden die syrische Herren-Nationalmannschaft schlagen, wenn es zu einem direkten Vergleich käme.

Die Idee, diesen Sport erneut zu einem Thema in einer unserer Kolumnen zu machen, kam mir, als meine Tochter Christina mir aus heiterem Himmel eröffnete: »Ich werde Fußball spielen!« Erst war ich überrascht, dann freute ich mich wie ein Schneekönig. Jetzt könnte ich ihr etwas von meiner Erfahrung in Spieltechnik und Ballbehandlung weitergeben. Früher hatte ich oft davon geträumt, mit meinem Sohn Fußball zu spielen. Dann bekamen wir zwei Töchter.

Christina sagte, dass sie in den Schulpausen oft mit den Jungs Fußball spielt und manchmal auch ein Tor schießt. Ich versprach, mit ihr zu einem Rotenburger Verein zu gehen, um sie dort vorzustellen.

In meinem Kopf stand fest, dass ich sie in einer Mädchen-Fußballmannschaft anmelden würde. Mädchen spielen weniger grob und körperbetont als Jungen. Aber in Rotenburg gibt es in dieser Altersklasse noch keine reinen Mädchenmannschaften. Meine Tochter sah das weniger verkrampft. Sie wollte weiter mit Jungs spielen, wie sie es vom Pausenhof gewohnt war. Sie behauptete, Mädchen könnten genauso gut Fußball spielen wie Jungs. Ihre jüngere Schwester pflichtete ihr bei und skandierte: »Mädchen sind stark! Jungen sind Salat!«

Wir fuhren zum Rotenburger Sportplatz hinter dem Bahnhof. Dort standen einige Kinder und zwei Erwachsene. Ich sprach sie an und erklärte, dass meine Tochter Fußball spielen möchte, und fragte, wo man sich anmelden könnte. Der eine Erwachsene fragte zurück: »Fußball oder Football?« Für mich war das eindeutig das Gleiche, und ich wunderte mich ein bisschen über diese Frage. Vielleicht war der Mann Ausländer, oder ich hatte undeutlich gesprochen. Ich sagte: »Ja, meinetwegen auch Football.« Er sagte, dass wir da bei ihm goldrichtig wären und Glück hätten, weil das Training gleich beginne. Wir gingen auf den Platz, um beim Training zu hospitieren. Dann kam eine Horde Kinder aus der Umkleide, die Helme sowie Rüstungen trugen, und ihr Ball war seltsam eiförmig. Christina und ich staunten und sahen uns verwundert an. Wir lachten und erkannten unser Missverständnis.

Als ich den perfekt gemähten »echten« Fußballplatz nebenan sah, kamen bei mir viele Kindheitserinnerungen hoch. Was für ein Unterschied zu dem steinigen Acker, auf dem ich in meiner Kindheit das Kicken gelernt hatte. Ich hatte mir oft im Leben gewünscht, ein Profi-Fußballer zu sein. Aber die Erwachsenen sagten uns Kindern ständig: »Fußball kann dir kein Brot geben.« So blieb Fußball für mich immer nur ein Hobby.

Damals haben wir in unserem Dorf im Westen Syriens auf der Straße oder auf einem harten und unebenen Platz Fußball gespielt. Wenn man hinfiel, hatte man stets eine Schürfwunde. Selten spielten wir mit einem echten Fußball. Wenn doch mal eines der Dorfkinder einen Fußball besaß, war dieser Junge sofort der beliebteste im ganzen Dorf. Jeder von uns versuchte dann, sein Freund zu sein. Und wir waren beim Spielen sehr darauf bedacht, ihn nicht zu verärgern, damit er nicht plötzlich beleidigt mit seinem Ball nach Hause ging und wir in die Röhre guckten. Wenn der Ball mal zu einem der benachbarten Häuser flog, gab es meist Ärger. Insbesondere ein alter Mann versetzte uns oft in Angst und Schrecken, er meckerte ständig über uns lärmende Fußballkinder. Einmal nahm er uns sogar den Ball weg, der vor seiner Tür gelandet war, und stach ihn mit einem Messer kaputt.

Da unser Dorf in einer hügeligen Region lag, war unser »Fußballfeld« sehr abschüssig. Und weil es keinen Zaun um das Gelände gab, kam es häufig vor, dass der Ball viele Hundert Meter bergab durch unser Dorf rollte, nachdem er weggeschossen wurde. Der Schütze war dann dazu verdammt, dem Ball weit hinterherzulaufen, um ihn wiederzuholen. Das dauerte manchmal mehrere Minuten.

Die Rolle der Mädchen im Dorf war damals, am Spielfeldrand zu stehen und zuzugucken. Wir wurden dann zu kleinen Gockeln und vollführten Kunststückchen auf dem Feld, um den Mädchen zu imponieren. Wir hätten uns im Traum nicht vorstellen können, mit den Mädchen gemeinsam Fußball zu spielen.

Als ich erwachsen war und schon als Dozent an der Uni in Damaskus arbeitete, kehrte ich ungefähr einmal monatlich in mein Heimatdorf zurück. Dort traf ich mich oft mit meinen alten Freunden zum Fußballspielen auf »unserem« Platz. Wir telefonierten uns zusammen und spielten mit der gleichen Inbrunst auf dem steinigen Acker wie früher, nur mit besseren Bällen. Und wir stritten uns auch wie früher, nur schlimmer. Da wir keine Torstangen hatten, bildeten zwei Steine die seitlichen Begrenzungen der Tore. Das eröffnete natürlich viel Interpretationsspielraum, ob ein Ball nun über das Tor geflogen oder darin gelandet war. Obwohl unsere Teams aus erwachsenen Ärzten, Ingenieuren und Lehrern bestanden, stritten wir uns wie die Kesselflicker. Aber auch die Freude über einen Sieg war so groß wie früher, als wir klein waren. Wenn man gemeinsam um einen Lederball kämpft, vergisst man Rang und Alter. Fußball macht aus Männern Kinder und aus Mannschaftsmitgliedern eine Schicksalsgemeinschaft, diese Magie hat dieser Sport auf dem Rasen wie auch im Stadion.

Was für ein Glück für meine Tochter und mich, dass hier in Deutschland auch Mädchen und Frauen Fußball spielen können und es bei den Kindern sogar gemischte Mannschaften gibt. In Syrien wäre der Wunsch meiner Tochter wahrscheinlich für immer unerfüllt geblieben. Jetzt nenne ich sie manchmal zum Spaß »Cristiano«. Morgen sind in Niederachsen die Herbstferien vorbei, und meine Tochter Christina wird zum ersten Mal in einem deutschen Fußballverein trainieren, ohne Rüstung und mit einem runden Ball. Ich weiß nicht, wer aufgeregter ist – sie oder ich?

31. Oktober 2020

Der lustige Witwer

Kürzlich schaute ich mit meiner geliebten Frau Hala wieder einmal deutsches Fernsehen, als ein syrischer Flüchtling in der Show »The Voice of Germany« auftrat. Er sang auf Arabisch ein Lied von Nasif Zeitoun, dessen Titel übersetzt heißt: »Eine andere Frau als dich zu lieben, würde bei mir nicht funktionieren.« In dem Lied heißt es:

»Deine Liebe hat mich in einen Rausch versetzt

Deine Liebe fließt in meinem Blut und wohnt in meinen Gehirnzellen.«

Das Lied drückte aus, was meine Frau und ich füreinander empfinden, und ich ertappte mich beim Gedanken an ein arabisches Vorurteil. Es lautet, dass die zwischenmenschlichen Beziehungen unter Arabern stärker seien als bei den Europäern. Die Familien seien größer, die gegenseitigen Abhängigkeiten und Verbundenheiten ausgeprägter. Und auch die Bindung zwischen Mann und Frau sei unter Arabern angeblich stärker, ihre Ehen stabiler. Viele Araber sind stolz auf diese vermeintliche kulturelle Eigenheit und besingen dies in ihren Liedern. Aber ich bin mir nicht sicher, ob die Beziehungen in der arabischen Welt wirklich stärker sind. Sie sind wahrscheinlich nur ein bisschen anders als unter Deutschen.

Vielleicht gibt es Leser, die schon einmal mit Arabern über die kulturellen Unterschiede beim Thema Ehe gesprochen haben. Ich wurde schon zweimal von Deutschen gefragt, wie es sein kann, dass arabische Männer bereits nach wenigen Monaten wieder neu heiraten, wenn sie ihre Frau durch einen Schicksalsschlag verloren haben. Meine deutschen Bekannten hatten dies von Flüchtlingsfamilien gehört oder selbst beobachtet.

Ich bestätigte ihnen, dass so etwas bei Syrern tatsächlich vorkommt. Zwar sollte man bei diesem Thema nicht generalisieren – es gibt auch syrische Männer, die nach dem Tod der Ehefrau lange allein bleiben oder nie wieder heiraten; sie halten das Andenken an ihre Liebe in Ehren und versuchen, sich alleine um den Gelderwerb und um die Kinder zu kümmern. Häufig sucht sich ein arabischer Mann jedoch, wenn seine Frau verstirbt, schon nach wenigen Wochen eine neue Frau. Seine Verwandten werden ihn darin bestärken und sagen: »Der Arme! Wie sollte er alleine den Haushalt führen und sich um seine Kinder kümmern?!«

Ich kann verstehen, dass das auf Deutsche verstörend wirken muss. Einerseits sind wir Araber stolz auf die starke Verbundenheit zwischen Ehepartnern und singen in Liedern darüber. Andererseits: Wie kann ein Mann dann nur wenige Monate nach dem Tod der Ehefrau wieder neu heiraten? Ist das nicht ein wenig respektlos gegenüber dem verstorbenen Ehepartner? Wo ist diese angeblich so starke Beziehung geblieben? War die Liebe dann nicht vielleicht doch etwas oberflächlich?

Viele Araber interpretieren das völlig anders und stellen in den Vordergrund, dass Männer und Frauen nun einmal unterschiedlich sind. Frauen können ihrer Ansicht nach mehr Dinge unter einen Hut bringen, wie zum Beispiel Haushalt und Kindererziehung. Ihnen wird zugemutet, die Rollen beider Elternteile gleichzeitig tragen zu können. Es ist eine gängige Ansicht, dass der Mann dagegen kaum in der Lage sei, gleichzeitig die Rollen des Vaters und der Mutter zu übernehmen. Er wäre nach Ansicht vieler überfordert. Für deutsche Ohren hört sich so etwas vielleicht chauvinistisch an, für die meisten Araber ist eine solche Sichtweise völlig normal. Eine weitere Begründung für die schnelle Wiederheirat von Männern in der arabischen Kultur ist die, dass Männern eine längere Phase der Einsamkeit nicht zugemutet werden könne. Es gibt den arabischen Spruch: »Lieber eine Ewigkeit Single als nur einen Monat Witwer.«

Die arabische Prägung ist bei diesem Thema wirklich meilenweit von der deutschen Gleichberechtigung unter den Geschlechtern entfernt. Ein Witwer wird geradezu ermuntert, schnell wieder zu heiraten. Wenn sich aber eine Frau schnell wieder einen Mann sucht, nachdem ihr Ehemann gestorben ist, wäre das in arabischen Kreisen für viele Menschen nicht nachvollziehbar und würde Kritik auslösen. In diesem Punkt sind die arabischen Christen übrigens nicht besser als die Muslime.

Als mein Vater gestorben ist, war ich sieben Jahre alt. Meine Mutter war Anfang dreißig. Zunächst weinte sie jeden Tag. Sie trug sieben Jahre lang nur schwarze Kleidung. Und sie hat nie wieder geheiratet, sondern sich alleine aufopfernd um uns Kinder gekümmert. In der ersten Zeit nach dem Tod meines Vaters kam oft eine Tante zu Besuch, um meine Mutter zu trösten. Sie sagte: »Warum weinst du? Danke Gott, dass nicht du gestorben bist, sondern dein Mann. Andersherum hätte dein Mann nach kurzer Zeit wieder geheiratet, oder deine Kinder wären nicht versorgt gewesen.« Die Tante wollte offenbar zum Ausdruck bringen, dass diese Konstellation nun das kleinere Übel für die Familie sei. Wir Araber sagen: »Die Mutter versammelt die Familie um sich. Sie opfert ihr Leben für die Familie auf. Sie denkt an alle und niemals an sich selbst.« Deswegen ist die Mutter in der arabischen Kultur heilig. Keine Beleidigung wiegt schwerer als eine Beleidigung der Mutter.

Und wie ich da mit meiner Frau Hala vor dem Fernseher saß, fingen wir an, über das heikle Thema Wiederheirat zu sprechen. Sie fragte mich: »Samer, wenn ich stürbe, würdest du eine andere Frau heiraten?« Natürlich sagte ich spontan: »Niemals!« Aber eigentlich war ich mir da gar nicht so sicher. Andersherum sagte ich ihr, dass, wenn ich sterben sollte, ich ihr wünschen würde, schnell wieder einen neuen Mann zu finden, der sie glücklich macht. Das Leben ist zu kurz, um lange Trübsal zu blasen. Die alte Liebe kann ihren festen Platz im Herzen behalten, auch wenn man eine neue Liebe gefunden hat.

Das Thema begann meine Frau und mich traurig zu stimmen, aber nur eine kurze Werbepause lang. Dann schaffte es eine andere Sendung, uns abzulenken. Dort saßen ein Mann und eine Frau im Auto und waren unterwegs in eine luxuriöse Villa auf einer einsamen Insel. Als Titel der Sendung erschien »Temptation Island«. Eine deutsche Bekannte sagte mir später, dass solche Sendungen niveaulos seien, weil sie vorsätzlich die Intimsphäre verletzen, weil die gezeigten Situationen nicht spontan entstehen, sondern geskriptet sind, und weil es nur um die Show geht. Aber für uns Zuwanderer ist so etwas schwer zu erkennen, und so schauten meine Frau und ich fasziniert diese Sendung. Der Plot ist, dass Ehepaare für mehrere Wochen getrennt und mit einem attraktiven neuen Partner ihrer Wahl sowie weiteren Personen in zwei luxuriöse Villen gesteckt werden, wo es ein lockeres Leben, romantische Abendessen und jede Menge Partys gibt. Dann schaut man, ob die Kandidaten es schaffen, ihrem Partner treu zu bleiben, trotz der vielen Versuchungen und Verführungen.

Ich wette, viele Ehemänner sitzen bei dieser Sendung zu Hause auf der Couch neben ihrer Ehefrau und versprechen ihr: »Ich würde dir treu bleiben, egal mit welcher Traumfrau man mich in eine Luxusvilla steckt!« Aber das ist leicht zu sagen, solange man neben seiner Frau auf dem Sofa sitzt. Beim »Sportschau«-Gucken meinen die meisten Männer auch, sie wären die besseren Fußballspieler.

Ich beschloss, mich ehrlich zu machen, und sagte zu meiner Frau: »Könntest du dir mich in einer solchen Sendung vorstellen? Ich glaube, ich könnte dir nicht versprechen, dass ich dauerhaft treu bleiben würde.« Hala lächelte – sie kennt mich gut genug, und wir genießen die Offenheit, die zwischen uns herrscht.

Frauen haben eine große Macht, nämlich die, Männer zu verführen. Gelegenheit macht Liebe, und ich denke, manch ein Ehemann würde bei passender Gelegenheit schwach werden, egal ob Araber oder Deutscher. So sind Männer nun mal gestrickt. Die Frage für mich lautet eher: Sind Frauen da wirklich anders?

14. November 2020

Deutsche Masern

Ende 2020 wartete die ganze Welt ungeduldig auf einen Impfstoff gegen Corona. Und tatsächlich stand die Zulassung der ersten zwei zuverlässigen Vakzine damals vor der Tür: zum einen der von Biontec und Pfizer mit dem eingängigen Namen BNT162b2, zum anderen ein Impfstoff der amerikanischen Firma Moderna. Über den russischen Impfstoff »Sputnik« sprach damals kaum noch jemand, es gab Probleme mit der Massenproduktion, und auch die wissenschaftliche Begleitung der Testphasen war fragwürdig.

Mich wunderte es nicht, dass ein deutsches Unternehmen federführend an der Entwicklung des ersten verlässlichen Impfstoffs beteiligt war. Schon der erste Test auf das Corona-Virus wurde im Januar 2020 in Deutschland entwickelt. Dieses Land wurde wieder einmal seinem Ruf als führende Nation in der medizinischen Forschung gerecht, und ich bin ein wenig stolz, in einem solchen Land leben zu dürfen.

Je näher die Zulassung des Impfstoffs rückte, desto lauter wurden aber auch die Stimmen derer, die Angst vor einer solchen Impfung hatten. Viele fürchteten sich vor einer drohenden Impfpflicht, einige fragten sich, ob der Impfstoff wirklich ausreichend erprobt sein würde. Und dann gab es noch jene, die glaubten,

Bill Gates oder Angela Merkel oder beide wollten die Menschheit mit einer Impfung heimlich »chippen« und versklaven. Natürlich bilden bis heute solche Verschwörungsmystiker nur eine kleine Minderheit. Aber ich habe dennoch den Eindruck, dass die Deutschen insgesamt ein kompliziertes Verhältnis zum Thema Impfung haben.

In Deutschland sind Impfungen in der Regel nicht verpflichtend. Sie gehören aber als Teil der regelmäßigen »U-Untersuchungen« zum Aufwachsen der Kinder dazu und erfreuen sich insgesamt einer guten Akzeptanz. Nun gibt es eine zunehmende Zahl von Eltern, die ihre Kinder nicht impfen lassen, aus Angst vor Nebenwirkungen oder weil ihnen Alternativmediziner davon abraten. Und das, obwohl heute in Deutschland die sichersten und besten Impfstoffe zur Verfügung stehen dürften, die es jemals gab.

In Syrien dagegen sind Impfungen stets verpflichtend. Nicht per Gesetz, aber gesellschaftlich. Wenn es einen neuen Impfstoff gibt, verbreitet sich diese Nachricht wie ein Lauffeuer über das sogenannte »arabische Telefon«: Es spricht sich rasend schnell unter den Müttern herum, die auf der Straße miteinander reden. Und alle wollen sofort diese Impfung für ihr Kind haben.

In Syrien hat man praktisch keine Wahl, ob man seine Kinder impfen lässt oder nicht. Auch in Syrien gibt es regelmäßig ärztliche Untersuchungen für Kleinkinder, bei denen sie das erste Mal geimpft werden. Aber die späteren Impfungen geschehen in der Regel an der Schule. Das Gesundheitsministerium schickt Busse an die Schulen, um dort Impfungen vorzunehmen. Die Eltern werden darüber nicht informiert, und alle Kinder werden durchgeimpft. Natürlich haben auch viele syrische Kinder Angst vor »der Spritze«, aber die Neugier auf das Neue treibt sie dazu, dem Impfbus freudig entgegenzulaufen.

Syrische Pocken-Impfungen hinterlassen ein lebenslanges Zeichen auf dem Oberarm. Das Impfmal ist ungefähr zwei mal zwei Zentimeter groß und etwas heller als die umgebende Haut. Ich dachte, das wäre überall auf der Welt so. Aber Gerd, der kein solches Mal trägt, versichert mir, dass auch er alle Impfungen bekommen hat. Vielleicht brauchen Deutsche deshalb einen Impfpass. Bei Syrern sieht man schon beim Blick auf den nackten Oberarm, ob sie geimpft sind oder nicht.

2020 wurde in Deutschland die Impfung gegen Masern erstmalig verpflichtend vorgeschrieben. Und deswegen habe auch ich als Lehrer ein Schreiben von meinem Arbeitgeber bekommen mit der Aufforderung, einen Nachweis über die Masernimpfung vorzulegen. Ansonsten dürfte ich nicht an der Schule arbeiten. Für meine Frau Hala, die als pädagogische Mitarbeiterin an einer Grundschule aushilft, galt das Gleiche.

»Masern« heißen auf Arabisch »Al Hasbi«. Röteln heißen dagegen »Al Hasbi al Almanieh«. Übersetzt: »die deutschen Masern«. Hala rief ihre Eltern an, um ihren Impfstatus dort zu erfragen. Halas Mutter versicherte ihr, dass sie als Kind eine Impfung gegen die Masern bekommen habe. Auch ich fragte meine Mutter, die mir zusicherte, dass ich geschützt sei. Aber der schriftliche Nachweis darüber fehlte bei uns beiden. Einen Impfpass, den man ein Leben lang behält, gibt es in Syrien nicht. Kinder haben dort ein »Impfheft«, das aber nicht den gleichen Stellenwert hat wie der deutsche »Impfpass«. Früher oder später wird das Impfheft meist weggeworfen.

Hala und ich diskutierten, ob unsere Mütter uns richtig verstanden hätten. Sprachen sie wirklich von der Impfung gegen Masern, oder meinten sie die »deutschen Masern«, also Röteln? Ich zweifelte, aber Hala war sich zu einhundert Prozent sicher, den Impfschutz zu haben. Schließlich waren ihre Eltern selber Lehrer und hatten stets registriert, wenn der Impfbus auf den Schulhof fuhr.

Da wir aber beide keinen Nachweis hatten, blieb uns nichts anders übrig, als zum Arzt zu gehen und unser Blut darauf untersuchen zu lassen, ob wir Antikörper gegen Masern besaßen. Die Überraschung folgte zwei Tage später: Ich war geschützt, aber bei

Hala fehlte diese Impfung offenbar. Sie konnte es kaum glauben! Ich witzelte, dass der Impfbus damals wahrscheinlich nicht bis zu ihr ins rückständige Ostdorf gefahren sei, sondern nur bei uns im fortschrittlichen Westdorf seine Impfungen verteilt habe.

Als ich ein paar Tage später mal mit Halas Mutter telefonierte, fragte ich sie spaßeshalber: »Sag mal, warum hast du mir nicht vor der Hochzeit gesagt, dass deine Tochter nicht gegen die Masern geimpft ist?« Halas Mutter verstand den Scherz nicht sofort und war peinlich berührt. So ließ sich Hala gegen die Masern impfen und kurz darauf auch gegen Corona.

Die Corona-Pandemie hat die Menschen und die Wirtschaft auf der ganzen Welt in den letzten Jahren grausam unterjocht, sie hat den Menschen Entbehrungen abverlangt und viele das Leben gekostet. Seit Anfang 2021 haben wir die Möglichkeit, diesem Virus etwas entgegenzustellen, damit wir alle wieder unser altes Leben zurückbekommen. Ich verstehe nicht, wie Leute in Deutschland ernsthaft gegen eine solche Impfung sein können. Aber vielleicht liegt das an meiner Herkunft. In meiner Heimat war man froh, wenn es Impfungen gab, die vor schlimmen Krankheiten schützen und bei ausreichender Verbreitung sogar eine Epidemie beenden können.

28. November 2020

Pflichtbesuch am Krankenbett

Während der verschiedenen Corona-Wellen durfte man im Krankenhaus keinen Besuch empfangen, deshalb war es in den meisten Krankenzimmern sehr ruhig. Für viele deutsche Patienten dürfte das normal sein. Sie schätzen ihre Ruhe, insbesondere im Krankenhaus, wenn man genesen will.

Für Araber dagegen ist eine solche Situation am Krankenbett eher ungewohnt. Wer schon mal mit einem arabischen Patienten auf einem Zimmer lag, kann vielleicht ein Lied davon singen. In der arabischen Kultur ist es üblich, dass Familie, Freunde und Verwandte einen Kranken im Krankenhaus besuchen, gerne auch in Gruppen. Sie bringen Geschenke, Obst und sonstige Verpflegung mit, diskutieren in ihrer geschwätzigen Art die genauen Umstände der jeweiligen Erkrankung und wünschen dem Patienten überschwänglich gute Genesung. Und damit nicht genug: Wenn man aus dem Krankenhaus zurückkehrt, ist erneuter Besuch von Freunden und Verwandten zu Hause vorprogrammiert.

Wir Araber sind stolz auf diese Tradition und auf den Zusammenhalt, der sich dadurch ausdrückt. Aber um ehrlich zu sein, handelt es sich bei solchen Krankenbesuchen auch um Pflichtbesuche, die nicht immer nur freundschaftliche Verbundenheit ausdrücken, sondern gesellschaftliche Norm sind. Genau wie die Sitte, dass Araber ihre Besucher beim Abschied immer bis auf die Straße hinausbegleiten oder dass sie auf eine blumige Begrüßung immer mit einer noch längeren Grußformel antworten müssen. Und solche Normen sind eine Medaille mit zwei Seiten. Zum einen machen sie das Leben schön, drücken Verbundenheit und Solidarität aus. Zum anderen machen sie das Leben aber manchmal auch sehr voll und rauben freie Zeit. Und derjenige, der seinen sozialen Verpflichtungen in dieser Beziehung besonders gut nachkommt, bekommt auch besonders viel zurück. So verlangen auch Pflichtbesuche am Krankenbett im umgekehrten Fall einen Gegenbesuch.

Wir haben hier in Rotenburg ein sehr großes Krankenhaus, und einige Bekannte von mir arbeiten dort. Ein arabischer Freund erzählte mir kürzlich von einer syrischen Frau, die wegen einer Operation in dieses Krankenhaus musste. Sobald die Frau ihr Zimmer bezogen hatte, ging es los: Erst kamen ihre engen Freunde aus Rotenburg zu Besuch. Dann kamen weitere Bekannte, gefolgt von der Familie. Nun besteht eine arabische »Familie«, im Gegensatz zur deutschen, nicht nur aus Vater, Mutter und Kind, sondern es zählen auch Onkel, Tanten, Cousins und Cousinen, Nichten und Neffen, Schwager, Schwippschwager und so weiter dazu. Sie ahnen an dieser Stelle vielleicht, was da los war. Schließlich kamen auch Bekannte aus anderen Städten in Niedersachsen, am Schluss sogar aus dem Ausland. Wenn die eine Delegation das Krankenbett der Frau verlassen hatte, konnte die nächste Delegation vortreten. So ging das tagein, tagaus. Die Ärzte, Schwestern und Pfleger hatten Schwierigkeiten, überhaupt in die Nähe dieser Patientin zu kommen. Zu guter Letzt wurde von der Krankenhausverwaltung tatsächlich ein Besuchsverbot für die Frau ausgesprochen.

Auch die Mitbringsel unterscheiden sich zwischen Arabern und Deutschen. Unter Arabern schenkt man bei Krankenbesuchen manchmal Geld. Das hat damit zu tun, dass man in arabischen Ländern eine Behandlung oder Operation im Krankenhaus oft selber bezahlen muss. Und wenn jemand eine Krankheit überwunden oder eine Operation überstanden hat, sagt man im Arabischen: »Al Hamdela al salameh.« Das bedeutet wörtlich übersetzt: »Gott sei gedankt für deine Sicherheit!« Gemeint ist damit: Gott sei gedankt für deine Genesung. Man sagt das auch, wenn man einen Reiserückkehrer das erste Mal seit Langem wiedersieht. Wenn ich zum Beispiel für zwei Wochen nach Syrien reiste, würde ich wahrscheinlich die erste Woche ständig Besuch von alten Freunden empfangen, die mich wiedersehen wollen. Die zweite Woche würde ich damit verbringen, Besuche von denselben Leuten zu empfangen, die mir Lebewohl sagen und Glück wünschen wollen. Sie würden dann sagen: »Tusalu belsalameh« – »Komm gesund an!« Ich käme gar nicht dazu, irgendetwas anderes zu tun, als Besuch zu empfangen. Die Liste solcher Anlässe für Pflichtbesuche im arabischen Kulturkreis ließe sich beliebig fortsetzen: Geburten, Hochzeiten und vieles mehr. Einerseits finde ich diese Tradition schön, andererseits kann einem diese Kette von endlosen Besuchen und guten Wünschen auch ganz schön auf die Nerven gehen.

Wie anders geht es dagegen unter Deutschen zu! Zwar besuchen sich auch Deutsche gelegentlich im Krankenhaus, aber längst nicht so oft und so zahlreich wie die Araber. Und die Deutschen fragen in der Regel vorher, ob und wann ein Besuch passend wäre. Auch dies ist unter Arabern unüblich.

Eine deutsche Freundin von mir hatte vor Kurzem eine schwere Operation, sie bekam eine neue Hüfte. Sie sagte, sie würde alleine ins Krankenhaus fahren. Das war für mich unbegreiflich. Ich fragte, wie sie das ohne fremde Hilfe schaffen wolle. Ich konnte mir einfach nicht vorstellen, wie jemand alleine seine Sachen packen und ins Krankenhaus fahren sollte, um dort alleine ein Zimmer zu beziehen. Fühlt man sich da nicht trostlos? (Meine über 70-jährige Mutter lässt mich selbst heute noch nicht alleine zum Arzt gehen, sondern besteht darauf, dass mein Bruder mitkommt!) Ich fragte meine Bekannte, ob ich sie im Krankenhaus besuchen könne. Das war eigentlich keine echte Frage, sondern eher eine rhetorische. Natürlich, dachte ich, würde sie einen Krankenbesuch wünschen, wo sie sich schon alleine im Krankenhaus einrichten und zurechtfinden musste.

Aber sie sagte: »Nein danke!«

Wie bitte?

Inzwischen habe ich gelernt, dass ein »Nein« in Deutschland seltener als höfliche Floskel sondern meist ernst gemeint ist. Die Freundin erläuterte mir: »Ich möchte derzeit keinen Besuch.« Ich akzeptierte das, war aber ziemlich erstaunt.

Diese Episode zeigte mir auch, wie sehr man sich in Deutschland auf das Gesundheitssystem verlassen kann, auf gute Versorgung und gut ausgebildete Ärzte und Pflegekräfte. Man muss nicht unbedingt Angst haben, wenn man hier ins Krankenhaus geht. Vielleicht benötigen deutsche Patienten deshalb nicht so viel Begleitschutz von Freunden und Familie.

13. Dezember 2021

Frau Türeci und Herr Sahin

Weihnachten ist das Fest der Freude und der Hoffnung. Beim letzten Weihnachtsfest dankte ich Gott für die Überwindung der Corona-Pandemie sowie für zwei Menschen, deren Eltern als Zuwanderer vor über fünfzig Jahren nach Deutschland kamen.

Wir Zuwanderer der sogenannten »Flüchtlingswelle« von 2015 werden immer mehr zu einem Teil dieses Landes. 2020 fand das deutsche Weihnachtsfest unter Corona-Bedingungen statt, und dabei merken wir, was alles in diesem Jahr anders war. Die weihnachtliche Stimmung in Deutschland schien ein bisschen ausgebremst. Zwar gab es weihnachtliche Beleuchtung und Dekorationen in den Innenstädten, aber die Fußgängerzonen waren damals leer, und es fehlte der Geruch von Glühwein und gebrannten Mandeln. Auch die Treffen mit Freunden in dieser, typisch deutschen, vorweihnachtlichen »Gemütlichkeit« waren kaum möglich. Corona überschattete das Leben und die Nachrichten. Ständig starben Menschen an dem Corona-Virus, auch hier in unserem Krankenhaus in Rotenburg. Durfte man sich da überhaupt richtig auf Weihnachten freuen?

Für meine Familie war es das fünfte Weihnachtsfest in Deutschland. In den vorangegangenen Jahren hatten wir viele deutsche Traditionen übernommen. Vor allem unsere beiden Töchter hatten uns damit vertraut gemacht, als sie im Kindergarten und in der Grundschule deutsche Weihnachtsbräuche aufnahmen. Zum Beispiel den Adventskalender, den es in Syrien nicht gibt. Er löst in unserer Familie Vorfreude auf Weihnachten aus, und das nicht nur bei den Kindern. Denn während in den Vorjahren unsere Kinder eine Girlande von 24 Säckchen mit kleinen Überraschungen in ihr Kinderzimmer gehängt bekamen, haben sie beim »Corona-Weihnachtsfest« den Spieß umgedreht und erstmals das Gleiche für uns vorbereitet. Das war eine gelungene Überraschung für meine Frau und mich.

Des Weiteren gehört inzwischen der Adventskranz mit den vier Kerzen, den wir in Syrien nicht kannten, fest zu unserem vorweihnachtlichen Ritual. Und auch das Basteln kleiner Geschenke und Aufmerksamkeiten für Verwandte oder Freunde ist ein Spaß, den wir früher nicht kannten. Einige Traditionen haben wir dagegen noch aus Syrien beibehalten. Zum Beispiel, dass wir den Weihnachtsbaum schon zum Beginn der Adventszeit aufstellen und dass dieser aus Plastik ist.

Advent heißt »Ankunft«, und 2020 war damit nicht nur die Ankunft des christlichen Erlösers, sondern auch die Ankunft des ersten Impfstoffs gegen Corona verbunden. Wir freuten uns nicht nur auf Weihnachten, sondern auch auf die Impfung und auf ein besseres neues Jahr, als es 2020 gewesen ist.

Zu Weihnachten besucht man sich häufig in Deutschland, was damals nur eingeschränkt möglich war. Ich habe mich besonders über einen Besuch gefreut: den von Frau Merkel, Herrn Spahn und Frau Karliczek bei den Gründern der Firma Biontech, Ugur Sahin und Özlem Türeci. Ursprünglich wollte Frau Merkel die beiden in ihrem Wohnort in Mainz besuchen, letztlich war es nur ein Besuch per Videokonferenz. Der erste Teil des Gesprächs wurde aufgezeichnet und ist im Internet abrufbar. Ich empfehle es jedem, der etwas über Deutschland lernen will.

Ich habe mich unglaublich gefreut, dass diesen beiden früheren Zuwandererkindern eine solche Wertschätzung entgegengebracht wurde. Und ich habe mich gefreut, dass sowohl Frau Merkel als auch Herr Spahn das Wort »Stolz« in den Mund genommen haben. Die Deutschen sind ja selten mal stolz auf ihr Land, sondern eher geübt darin, sich in Selbstkritik zu ergehen: In deutschen Zeitungen war von »Impfchaos« die Rede, von verpassten Chancen, vom zu frühen oder zu späten Lockdown und so weiter. Dabei geriet aus dem Blick, dass sowohl in der ersten wie auch in den folgenden Corona-Wellen die Infektionszahlen pro Kopf in Deutschland weit unter denen der meisten anderen EU-Länder lag, und das Gleiche galt für die Zahl der Todesfälle.

Aber damals hatten die Deutschen noch einen weiteren Grund dazu, stolz zu sein, und das kommt in diesem Video zum Ausdruck. In Deutschland wurde der erste zuverlässige Impfstoff gegen das Corona-Virus entwickelt. Ein Impfstoff, der an über 44 000 Probanden geprüft wurde und der damit bei seiner Einführung als sehr sicher galt. Ein Impfstoff, der eine Wirksamkeit von 95 Prozent aufwies, was mehr ist als alle anderen Impfstoffkandidaten gegen Corona. Ein Impfstoff, der als erster auf Messenger-RNA basierte und damit auf einer sehr innovativen Methode. Ein Impfstoff, der in weniger als 11 Monaten entwickelt, getestet und zugelassen wurde, während dieser Prozess normalerweise bis zu 10 Jahre benötigt. All das ist schon eine einzigartige Erfolgsgeschichte. Hinzu kommt nun, dass der Impfstoff maßgeblich von zwei Menschen mit Migrationshintergrund entwickelt wurde.

Die Erläuterungen von Frau Türeci und Herrn Sahin in der Videoschaltung mit Frau Merkel zeigen auf, was dieser Erfolg mit Deutschland zu tun hat. Er hat zu tun mit einem guten Bildungssystem, mit staatlicher Förderung von Forschung und Wissenschaft, mit dem Zugang zu Gründungskapital, mit dem Wettbewerb von Investoren um die beste Anlageform, mit der internationalen Kooperation in diesem offenen Land und nicht zuletzt auch mit den Möglichkeiten, die Zuwanderer hier haben. Es macht nicht nur Frau Merkel stolz, es färbt auch auf uns Zuwanderer ab und spornt uns an. Frau Türeci und Herr Sahin können für viele Kinder in Zuwandererfamilien heute wichtige Vorbilder und Rollenbilder sein. Endlich gibt es nicht nur im deutschen Profifußball Idole mit Zuwanderungsgeschichte, die jeder kennt. Wer weiß, ob es nicht in 20 Jahren mal ein arabischer oder persischer Forscher, Arzt oder Ingenieur ist, der oder die 2015 als Flüchtlingskind nach Deutschland kam und die Deutschen stolz macht.

23. Dezember 2020

Hop-Hop!

Vor Weihnachten habe ich im Fernsehen die Nachricht gehört, dass die Deutsche Bahn in Zukunft plant, im Halbstundentakt zwischen Hamburg und Berlin zu pendeln. Am Tag macht das 60 ICE-Züge auf dieser Strecke. Ich war wieder mal beeindruckt von diesem Land und fragte mich, warum dennoch so viel über die Deutsche Bahn geschimpft wird.

Ich dachte an meine Heimat. In Damaskus gab es einen großen Busbahnhof, wo zahlreiche Busse in die anderen Landesteile warteten. Dort fuhr auch ein Bus zwischen der Hauptstadt und meinem Dorf im Stundentakt. Zumindest in der Theorie. Wer darauf baute, dass der Bus wirklich jede volle Stunde abfährt, war gelackmeiert. Tatsächlich warteten die Busfahrer stets länger, weil sie nicht halb voll durch mein Heimatland fahren wollten. Das wäre eine Verschwendung von Sitzplätzen und, noch wichtiger, hätte die Einnahmen des Busfahrers gemindert. Die Busse werden nämlich nicht von einer staatlichen Verkehrsgesellschaft betrieben, sondern von den Busfahrern selbst. Das bedingt, dass selbige versuchen, ihre Einnahmen zu maximieren, ohne Rücksicht auf den Fahrplan. Und es bedeutete auch, dass manchmal gar keine Busse in mein Dorf fuhren, wenn Busfahrer krank waren oder einfach keine Lust hatten.

Diese Busse heißen bei uns »Hop-Hop«. Das bedeutet so viel wie »anhalten«. Sie haben keine festen Haltestellen unterwegs, sondern können durch ein Handzeichen von Menschen am Straßenrand angehalten werden. »Hop-Hop!« Wir haben in einem vorangegangenen Kapitel schon einmal über die Servis-Stadtbusse in Damaskus geschrieben; die Hop-Hops funktionieren nach einem ähnlichen Prinzip.

Auch sonst gibt es an diesen Bussen wenig, was an den öffentlichen Personenverkehr in Deutschland erinnert. Hop-Hops sehen von außen aus wie Spielzeugautos, sie sind bunt bemalt und geschmückt wie Pfingstochsen. Drinnen fühlt man sich wie in einer rollenden Diskothek, da der Busfahrer seine Fahrgäste ständig mit lauter Musik beschallt. Die Busse sind in Werkstätten so umgebaut, dass die Sitzreihen besonders eng hintereinander gestaffelt sind, man hat kaum Beinfreiheit. So können die Busfahrer noch mehr Geld aus ihren Fahrten herausschlagen. Der Motorblock ist unter einer Abdeckung direkt neben dem Fahrer. Auch hier sitzen oft mehrere Fahrgäste, und es ist dort immer muckelig warm. Wenn auf dem Motor keine Fahrgäste sitzen, steht dort Tee in einer Kanne, den der Fahrer sich in ein Glas schüttet und trinkt, während er sich mit seinen Reisegästen unterhält und nebenbei den Bus über die syrischen Provinzstraßen steuert, welche mit Schlaglöchern übersät sind. Alles kein Problem!

Hinter dem Busfahrer bleiben oft zwei Plätze frei. Auf Nachfrage erklärt dieser, die Plätze seien leider schon reserviert. Aber wenn mal eine schöne junge Frau zusteigt, bittet der Busfahrer sie, sich auf einen dieser Plätze zu setzen, denn genau für diesen Fall war die »Reservierung« gedacht. Andererseits gibt es keine reservierten Plätze für alte oder behinderte Menschen, wie das in Deutschland üblich ist. Der Grund: Wenn eine alte oder gebrechliche Frau zusteigt, machen jüngere Menschen in arabischen Ländern meist freiwillig ihren Platz für diese Person frei, man braucht dafür keine Reservierungsschilder.

Der Busfahrer fühlt sich wie ein kleiner König, der während

der Fahrt zeigt, was er alles gleichzeitig tun kann, und er bestimmt außerdem, wer mitfahren und wer wo sitzen darf. Da der Busfahrer keinen Beifahrer hat, bittet er während der Fahrt meist einen Fahrgast, durch den Bus zu gehen und das Entgelt für die Fahrt von den Mitreisenden zu kassieren. Ich habe stets gehofft, dass der Fahrer mich nicht bittet, diesen Job zu übernehmen, weil ich nie gut in Mathematik war. Denn natürlich muss der Geldeinsammler selber berechnen, wer wie viel bezahlen muss, und dann das passende Wechselgeld herausgeben.

Ebenso wie man den Zustiegspunkt zu Hop-Hops selber wählen kann, kann man dem Busfahrer auch jederzeit sagen, dass man aussteigen möchte. Bei mir war das immer etwas abenteuerlich, denn mein Dorf lag auf einem Hügel. Die Straße dorthin war entsprechend steil, der Bus musste mit Schwung die Straße hochfahren und konnte an der Steigung nicht anhalten. Das bedeutete, dass der Fahrer während der Fahrt die Tür öffnete und mich bat, aus dem fahrenden Bus zu springen. Auch wenn der Bus langsam fuhr, war das nicht ungefährlich. Der Busfahrer wies mich an, mit dem Gesicht in Fahrtrichtung herauszuspringen, da man danach ein paar Meter auslaufen muss. Tut man das nicht und springt im rechten Winkel aus dem Bus heraus, fällt man bei der Landung unweigerlich in Fahrtrichtung um und muss aufpassen, nicht unter die Hinterräder zu kommen. Ich kannte das aus meiner Militärzeit, wo man lernt, aus einem fliegenden Hubschrauber zu springen. Aber wer diese Erfahrung nicht gemacht hatte, geriet beim »Aussteigen« aus Hop-Hops in Hanglagen oft in arge Probleme.

Wenn eine Frau neben dem Fahrer sitzt, übernimmt diese manchmal auch die geistliche Seelsorge. Sie betet für den Fahrer und eine sichere Fahrt oder segnet die Aussteigenden. Auch denen, die am Hang während der Fahrt abspringen müssen, ruft sie »Gott segne dich!« hinterher, bevor sie draußen dennoch hinfallen und sich die Hände aufschürfen. Dabei ist es egal, ob es sich um Christen oder Muslime handelt.

Um fair zu sein: Es gibt in Syrien auch modernere Reisebusse nach westlichem Muster, die zwischen den Großstädten verkehren. Sie sind deutlich luxuriöser, man muss einen Platz im Voraus reservieren und fühlt sich wie in einem Flugzeug. Die Fahrer tragen, ebenso wie ihre Beifahrer, eine Uniform. Diese Busse halten sich tatsächlich an den Zeitplan, und alle zehn Minuten geht der Beifahrer durch den Bus und bietet Wasser sowie Bonbons an. Diese Art Fernreisebusse gibt es aber nur zwischen den Großstädten wie Damaskus, Aleppo oder Homs, in der Provinz verkehren nur Hop-Hop-Busse.

Ich bin oft in Hop-Hop-Bussen gefahren, und diese Erfahrung half mir in der Corona-Pandemie. Denn es gibt viele Parallelen zur Impfkampagne: Man selbst hat wenig Einfluss darauf, wann es losgeht oder wann man ankommt. Wenn man nicht möchte, muss man nicht einsteigen, aber wenn wir gemeinsam ans Ziel kommen wollen, sollte man es tun. Über Fahrer oder Beifahrer zu schimpfen, bringt nichts, denn die sind gerade voll beschäftigt und tun ihr Bestes. Die Fahrt wird lange dauern, ist manchmal etwas holprig, und während der Fahrt auszusteigen, wäre gefährlich. Was aber entscheidend ist auf solch einer Reise: ein guter, möglichst TÜV-geprüfter Bus, genügend Diesel, den man an verschiedenen Tankstellen nachkaufen kann, und ein verantwortungsvoller und erfahrener Busfahrer. Insofern war ich froh, in Deutschland zu leben.

7. Januar 2021

Unterschreiben Sie bitte hier!

Als ich vor einiger Zeit unseren Aufenthalt in Deutschland bei der örtlichen Ausländerbehörde verlängern wollte, sagte mir die Frau am Schalter: »Unterschreiben Sie bitte hier. Aber mit Vornamen!« Vielleicht habe ich sie auch nicht richtig verstanden, weil uns eine Glasscheibe trennte. Jedenfalls ist bei mir angekommen, dass wir unsere Vornamen aufschreiben sollten. Wir schrieben also in Großbuchstaben, damit sie gut leserlich sind, unsere Vornamen: Samer, Hala, Christina, Cilina.

Als wir einen Monat später unsere Aufenthaltsgenehmigungen abholen wollten, standen die Vornamen als Unterschriften auf diesen Dokumenten, wie von Analphabeten geschrieben. Bei mir hatte es wirklich nichts mit meiner echten Unterschrift zu tun. Dieses Dokument hätte mich immer in Schwierigkeiten gebracht, wenn die »Unterschrift« darauf mit meiner wirklichen Unterschrift verglichen worden wäre. Außerdem fühlte ich mich in meiner Ehre als Autor und Hochschuldozent gekränkt. Also ließen wir die Papiere ändern und bezahlten noch einmal die fällige Gebühr.

Meine Unterschrift habe ich in meiner Schulzeit entwickelt. Ich überlegte mir ein schönes Monogramm, das heute immer noch ungefähr so aussieht wie damals.

Neulich brachte Gerd mir zwei Exemplare unseres ersten Buches, die wir für Bekannte signieren sollten. Wie immer schrieb ich etwas auf Arabisch und setzte meine Signatur hinzu. Gerd schrieb etwas auf Deutsch, darunter dann seine Unterschrift, die ich inzwischen gut kenne. Weder bei ihm noch bei mir ist der Name leserlich. Aber während es bei Gerd zumindest die Andeutung seines Namens ist, besteht meine Unterschrift aus einem Buchstaben mit Schnörkeln.

In Deutschland unterschreiben viele Menschen mit ihrem vollen Namen. Längst nicht alle und nicht immer besonders leserlich, aber es ist ein Unterschied zur syrischen Kultur. Dort entwickeln die meisten Menschen schon in der Jugend eine mehr oder weniger kunstvolle Unterschrift mit großen Bögen und Verzierungen. Mit vollem Namen zu unterschreiben, wäre in Syrien sehr ungewöhnlich. In Deutschland scheint mir die Unterschrift eine notwendige Formalität zu sein. Für viele Araber dagegen ist sie ein persönliches Statement.

Im vergangenen Jahr hatte ich mir überlegt, meine Unterschrift ähnlich wie die Deutschen zu schreiben. Statt eines kunstvollen ersten Buchstabens meines Vornamens mit einem Kringel darum schrieb ich den kompletten Vor- und Nachnamen mit einem Kringel darum und benutzte sie fortan, auch bei Bankgeschäften. Eine Woche später bekam ich Post von meiner Bank. Sie wollten einen bestimmten Auftrag nicht ausführen und fragten mich, ob ich meine Unterschrift geändert hätte. Die Art der Unterschrift hat in Deutschland also eine bestimmte Bedeutung, und man sollte sie nicht einfach so austauschen. Dabei ist eine Unterschrift nie statisch, sie ändert sich im Laufe des Lebens. Man wird älter, muss vielleicht mehr Dokumente unterschreiben. Nicht zuletzt mag sich auch die Persönlichkeit eines Menschen mit der Zeit verändern.

Als Donald Trump Präsident wurde, sah die Weltöffentlichkeit erstmals die Unterschrift dieses Egomanen. Es gab damals auch einige schlaue Leute, die versucht haben, seine Unterschrift psychologisch zu deuten. Man nennt diese Menschen »Grafologen«. Sie analysierten, dass die Handschrift des Präsidenten »Durchsetzungswillen, Lebensdrang und Geltungsstreben« zeige. Die Unterschrift gehöre einem Menschen, der gerne vereinfache. Die spitzen Winkel zeigten, dass positive Emotionalität nur gering ausgeprägt sei. Die eng gedrängten Buchstaben deuteten darauf hin, dass er nur sich selbst vertraue.

Für mich dagegen sah seine Unterschrift eher aus wie die Aufzeichnung eines Erdbebens durch einen Seismografen. Tatsächlich führte seine Amtszeit zu einigen Erschütterungen, angefangen mit dem Einreiseverbot für Menschen aus sieben mehrheitlich muslimischen Ländern. Der letzte Ausschlag, am Ende seiner Amtszeit, war der Sturm seiner Anhänger auf das Kapitol.

Grafologen deuten viel in eine Unterschrift hinein. Ich lese, dass eine Schrift aus schräg gestellten Buchstaben auf einen eher vorsichtigen Charakter deute. Eine Unterschrift, die nur aus dem ersten Buchstaben mit ein paar Strichen oder Bögen besteht, wie es bei mir der Fall ist, soll angeblich auf einen eher introvertierten und unentschiedenen Charakter hinweisen. Wenn jemand mit einem großen Anfangsbuchstaben unterschreibt, wie etwa Barack Obama, sei dies ein Beleg für ein besonders starkes Selbstbewusstsein. Wenn man nur mit dem Anfangsbuchstaben unterschreibt, wie manche Künstler es tun, soll das ein Zeichen für Kreativität sein. Und wer bloß mit seinem Vornamen unterschreibt, dem wird mehr Individualismus und Eigenständigkeit zugeschrieben als Menschen, die auch mit dem Nachnamen unterschreiben und deshalb stärker mit ihrer Familie verbunden sein sollen.

In der syrischen Bürokratie gibt es übrigens regelmäßig wahre Unterschriften-Langstreckenläufe. Wenn man dort ein bestimmtes Dokument beantragen möchte, kauft man sich zunächst ein entsprechendes Formular an einem Kiosk. Mit diesem muss man dann zur Behörde laufen, um von vielen verschiedenen Personen die Unterschriften einzusammeln. Man läuft von Pontius zu Pilatus, manchmal durch mehrere Stockwerke eines Amts, der Hierarchie der dort Arbeitenden folgend, bis schließlich als Krönung die Unterschrift des Behördenleiters unter das Dokument kommt. Kennen Sie die Geschichte von Asterix und Obelix, als sie den Passierschein A38 beantragen wollten?

Am Ende hält man ein zerknittertes Dokument in den Händen, das mit fünf kunstvollen Signaturen – Sachbearbeiter, Vorgesetzter, Prüfer, stellvertretender Chef, Chef – sowie diversen Siegeln und Stempeln versehen ist. Dann kann man zufrieden sein und den Schweiß vergessen, den die Erlangung dieses Papiers gekostet hat. Man möchte diese Unterschriften stolz all seinen Freunden zeigen, so wie Donald Trump seine Signatur immer in die Kameras hielt.

23. Januar 2021

Küsschen, Küsschen!

Heute gebe ich Ihnen ein Bussi! Sie meinen, das Wort »Bussi« wäre ein umgangssprachliches Wort aus Österreich? Dann sollten Sie wissen, dass der »Kuss« auf Arabisch umgangssprachlich »Baussi« heißt. Ich habe den Verdacht, hier könnte ein Lehnwort aus dem Vorderen Orient illegal nach Europa eingewandert sein, um hier Asyl zu beantragen. Im Netz steht, das »Bussi« habe im 16. und 17. Jahrhundert Einzug in die deutsche Sprache gehalten. Damals standen die Osmanen vor den Toren Wiens, oder?

Ich war völlig überrascht, als ich letzte Woche das Bussi in einem deutschen Wörterbuch entdeckt habe. Neben dem Wangenkuss, dem Zungenkuss, dem Abschieds- und Begrüßungskuss kann man in Deutschland also auch ein Bussi geben. Was es im Deutschen dagegen nicht gibt, ist der Augenkuss. Der Satz »Ich küsse deine Augen« ist im Arabischen Ausdruck höchster Begeisterung für einen anderen Menschen. Auf dem Schulhof hörte ich mal pubertäre Schüler als Zeichen der Anerkennung sagen: »Alter, ich küsse dein Herz!« Alter, ich schwör: Diese Formulierung gibt es im Arabischen nicht, sie muss aus dem Türkischen kommen.

In Deutschland kann man frei über das Küssen sprechen. In der arabischen Kultur dagegen ist es eigentlich nicht statthaft, explizit über etwas so Intimes zu reden. Araber sprechen darüber vorwiegend im privaten Kreis, unter guten Freunden oder mit dem Partner. Selbst in der Familie senken wir bei diesem Thema unsere Stimme, wenn die Kinder in der Nähe sind. Dabei gäbe es so viel zu erzählen. Wer würde je seinen ersten Kuss vergessen?

Der syrische Poet Nizar Kabani hat über diesen geschrieben: *»Zwei Jahre sind seit unserem ersten Kuss vergangen, aber der Geschmack ist noch immer auf meinen Lippen, als ob er gerade erst geschehen wäre.«*

Was ist bei Ihnen vom ersten Kuss zurückgeblieben? Klingelt da was? Können Sie das Hemd Ihrer Erinnerung* öffnen? Oder halten Sie dieses Thema für banal?

Beim Küssen gibt es große kulturelle Unterschiede. Wo hat Ihr erster Kuss stattgefunden? In der Öffentlichkeit? Oder, wie bei den meisten Arabern, hinter verschlossenen Türen oder Vorhängen? War es ein Geheimnis? Vor Ihren Eltern oder Freunden? Oder haben Sie darüber gesprochen? War es auf einer Party oder in trauter Zweisamkeit?

Seine Freundin einfach zu küssen, wenn einem danach ist, wie es in Deutschland üblich ist, wäre in Syrien unmöglich. Die Gesellschaft dort hat Augen, deshalb braucht man selbst für einen Kuss eine ausgefeilte Projektplanung.

Meinen ersten Kuss habe ich noch in guter Erinnerung: Wir waren dabei, mit Freunden Karten zu spielen. Ich hasste Kartenspielen, schon damals. Es war ein Vorwand, um dieses Mädchen wiederzusehen. Ich wusste, dass sie mich auch mochte, aber es ist in der arabischen Kultur manchmal sehr schwierig, ein Mädchen alleine zu treffen.

Wir waren zu sechst am Spieltisch, ich saß neben ihr. Sie zu berühren, wäre vor den Augen der anderen unmöglich gewesen. Dann wurden meine Gebete erhört, und es gab einen Stromausfall, wie es in meiner Heimat öfter geschieht. Es war das erste Mal,

---

* Vgl. Band 1: *Kommt ein Syrer nach Rotenburg (Wümme).* Penguin Verlag, München 2021.

dass ich der syrischen Regierung für einen Stromausfall dankbar war. Nicht nur war es plötzlich dunkel, sondern einige der Mitspieler standen auf und suchten Kerzen. Ich nahm das Mädchen in den Arm und küsste ihren Mund. Das Aroma dieses ersten Kusses werde ich in meinem Leben nicht mehr vergessen. Als die Freunde mit den Kerzen wieder am Tisch saßen, schmiss ich meine Karten auf den Tisch und erklärte, dass ich verloren hätte. Auf dem Balkon traf ich sie wieder, und wir konnten unseren Kuss fortsetzen.

Viele Jahre später, als ich schon mit meiner Frau verlobt war und bei ihrer Familie zu Gast, war es mir unmöglich, sie zu küssen. Und das, obwohl unsere Familien nicht einmal besonders strenge Christen waren. Ständig waren entweder ihr Vater oder ihre Mutter anwesend. Ich fragte sie: »Glauben deine Eltern, ich sei Lionel Messi, dass sie immer einen Verteidiger bei mir abstellen, um zu verhindern, dass ich ein Tor schieße?«

Im syrischen Fernsehen lief vor Kurzem eine Drama-Serie mit dem Namen »Sehareh Chicago«. Sie ist sehr beliebt und enthält viele Zeitsprünge zwischen heute und den Sechzigerjahren. Damals bildeten Syrien und Ägypten eine politische Union. Unter anderem wurde in der Serie eine Szene gezeigt, wie die beiden Protagonisten sich in den Sechzigerjahren in einem Kino küssen. Ich denke, es war das erste Mal, dass im syrischen Fernsehen ein Kuss gezeigt wurde, und frage mich, wie es diese Szene durch die staatliche Zensur geschafft hat. Die öffentliche Reaktion spricht Bände über die syrische Gesellschaft: Die zur Schau gestellte Empörung war groß, es hagelte Kritik von allen Seiten, in den Medien und sozialen Netzwerken, bis hin zu Drohungen. Leute fragten, was aus der Gesellschaft, aus der Moral und aus unseren Kindern werden solle, wenn solch unzüchtiges Verhalten im Fernsehen gezeigt werde. Ob die Macher der Serie ein solches Treiben auch ihren Töchtern empfehlen würden. Warum das Staatsfernsehen dem Werteverfall Tür und Tor öffnete. Dabei ging es nur um einen einzigen Kuss zwischen Mann und Frau in einem Kino.

Das Verrückte ist, dass die syrische und die ägyptische Gesellschaft vor sechzig Jahren offener und freier waren als heute. Es gab nicht nur mehr Frauen im Bikini am Strand, sondern auch erotische Szenen in der Filmindustrie. Heute erntet man schon mit einem Kuss in einer Familienserie einen Shitstorm. Wir erleben einen gesellschaftlichen Rückschritt, in diesen wie auch in einigen anderen arabischen Ländern.

In Deutschland war die Entwicklung genau umgekehrt. Der Film »Die Sünderin« mit Hildegard Knef rief 1951 Entrüstung hervor, weil man eine nackte Brust sah. Einige Jahre später war dergleichen normal, und in den Achtziger- und Neunzigerjahren wurden auch öffentliche Küsse unter gleichgeschlechtlichen Paaren in Deutschland normal. Ich frage mich, ob und wann in Syrien ein ähnlicher Wandel einsetzen wird.

Ein Klischee über die arabische Kultur besagt, dass sie konservativer ist als die westliche Welt. Für viele Regionen stimmt das auch, selbst wenn es große Unterschiede gibt, z. B. zwischen dem ländlichen Raum und den Großstädten oder zwischen den verschiedenen Religionen. Das Besorgniserregende aber ist, dass es mancherorts keinen Fortschritt zu geben scheint, keinen Wandel, wie er in Europa mit der Achtundsechziger-Bewegung eingesetzt hat.

Das kommt meines Erachtens weniger dadurch, dass die Menschen in den arabischen Ländern auf diesem Gebiet keine moralische Befreiung begrüßen würden. Sondern weil sie sich nicht trauen, dies auch öffentlich zu äußern. Sie haben Angst vor der Reaktion der Öffentlichkeit.

Es ist bigott. Küsse und Sexualität sind in den meisten arabischen Ländern aus der Öffentlichkeit verbannt; es wird so getan, als gäbe es all das nicht. Über diese Themen wird nicht explizit gesprochen, sondern nur indirekt, und das wiederum bewirkt, dass sich die Vorstellungskraft entfalten kann. Selbst der arabische Sänger Sabah Fachri, den ich eher zum konservativen Lager zählen würde, singt:

»Füll mir das Glas und benetze es mit dem Geschmack deiner Lippen. Dann gib mir das Glas, und meine Augen werden nur noch dich sehen. Und die anderen können sagen, was sie wollen. Ich gehe in deiner Liebe auf.«

In Deutschland verstößt ein Kuss gegen kein Gesetz. In der arabischen Welt dagegen muss man sich einen Kuss »stehlen«. Dass diese Heimlichkeit viel Raum für Poesie eröffnet, ist vielleicht das einzig Positive daran. Ein arabischer Dichter sagt:

»Sieh, wie der Luftzug an deinem Gesicht vorbeifliegt.
Ich weiß nicht, was er gestohlen hat.
Ich sah, wie die Luft über deine Wangen gestrichen ist.
Vielleicht hat der Luftzug einen Tautropfen von deinen Augen gestohlen.
Vielleicht mischt sich der Tropfen mit dem Wasser und dem Arak in meinem Glas.
Ich werde mich daran betrinken.«

7. Februar 2021

Ich weiß es auch nicht

»Männer und Frauen passen einfach nicht zusammen – außer in der Mitte«, so witzelt Gerd gerne. Ich bin mir nicht sicher, ob damit die komplizierte Chemie einer heterosexuellen Paarbeziehung wirklich hinreichend beschrieben ist. Ich habe bislang immer gezögert, in unseren Texten ausführlicher über die Ehe und ihre Beendigung zu sprechen. Ich wollte mich nicht zu sehr in die Privatangelegenheiten der Deutschen einmischen, und ich wollte nicht missverstanden werden. Aber ich werde immer öfter mit diesem Thema konfrontiert. Aktuell durch Berichte aus unserem Freundeskreis, sowohl aus dem Orient als auch aus dem Okzident.

Ich bin glücklich verheiratet und meine das ernst. Und wenn man theoretisch über ein Problem anderer Leute spricht, gibt es in Syrien das Sprichwort: »Derjenige, dessen Hände im Feuer sind, fühlt etwas anderes als der mit den Händen im kalten Wasser.« Es ist nicht leicht, sicher durch ein Thema zu manövrieren, wenn man selber nicht direkt betroffen ist. Wir wollen es trotzdem versuchen.

In Deutschland wird mittlerweile jede dritte Ehe geschieden. Auch in Syrien steigt die Zahl der Ehescheidungen seit Längerem an. Wenn die Ehe ein Baum ist, so scheinen viele Menschen wie Blätter von ihren Bäumen zu fallen. Mich macht das traurig.

In der arabischen Welt gibt es etliche Vorurteile über Ehen in Europa. Viele denken, die Institution der Ehe sei hier schwach. Es heißt, eine Frau, die einen Europäer heiratet, lebe in der ständigen Gefahr, verlassen zu werden. Ich weiß inzwischen, dass dieses Klischee über die europäische Ehe nicht stimmt. Während meiner sechs Jahre in Frankreich und fünf Jahre in Deutschland habe ich viele harmonische und stabile europäische Ehen kennengelernt. Und es gäbe umgekehrt einiges an dem Eheverständnis vieler Araber zu kritisieren. Dort kommt es nach wie vor zu arrangierten Ehen, sowohl bei Muslimen wie bei Christen, und in einigen Regionen werden Minderjährige verheiratet, oft gegen ihren Willen. Dass solche Partnerschaften nicht nur gegen Menschenrechte verstoßen, sondern auch sonst kein gutes Fundament haben, leuchtet jedem ein. Das alles kommt unter Deutschen zum Glück kaum vor. Dennoch gibt es hier erstaunlich viele Ehescheidungen. Warum ist das so?

Letzten Sommer saß ich mit Gerd im Auto, als wir zu einer Lesung fuhren. Ich bemerkte, dass er sehr still war, und fragte, was ihn bedrückte. Er sagte, dass er traurig sei, weil sich ein befreundetes Ehepaar getrennt hatte. Insbesondere das Leid der noch jungen Kinder beschäftigte ihn. Mittlerweile kenne ich dieses Gefühl, denn vor zwei Wochen haben sich gute Freunde von uns getrennt, die seit 30 Jahren ein Paar sind und seit 16 Jahren verheiratet. Meine Frau und ich sind seitdem wie vom Donner gerührt, meine Frau hat in der ersten Nacht viel geweint. Ich kenne dieses Paar aus Studienzeiten in Frankreich. Wir haben uns nach meiner Rückkehr nach Syrien viele Briefe geschrieben. Später lernte auch meine Frau die beiden kennen, als sie uns in Syrien besuchten. Wir bewunderten ihre tiefe Zuneigung zueinander, ihre Ehe war für uns immer ein Vorbild.

Unsere französische Freundin hatte während des Studiums etwas Arabisch gelernt. Einmal kam sie zu mir, spielte mir auf einer Kassette ein arabisches Lied vor und bat mich, es zu übersetzen:

»Ich vergöttere dich! Ich bin ganz ausgefüllt mit dir!
Meine Vergangenheit ist für dich, ebenso wie das Morgen und das Übermorgen.
Ich rufe dich und frage nach dir, wenn ich wache und wenn ich schlafe.
Ich liebe die Nacht in deinen Augen. Ich liebe die Erde, auf der du stehst.
In meiner Seele wohnt eine leise Fröhlichkeit. Diese Stimme fragt: Liebst du mich?«

Ich habe ihr geholfen, dieses Lied zu übersetzen, und nach kurzer Zeit konnte sie es singen. Und nun sind sie und ihr Mann durch einen Windstoß wie Blätter von dem gemeinsamen Baum ihrer Ehe geweht.

Warum trennen sich Mann und Frau nach so vielen Jahren der Ehe? Ich denke zwar manchmal auch, dass es besser ist, wenn sich Paare trennen, als wenn sie in dauerhaftem Streit miteinander leben. Aber werfen manche die Flinte nicht zu früh ins Korn?

Ich betrete hier wissentlich ein Minenfeld, aber manch Araber wird sich mit Blick auf die hohen Scheidungsquoten in Deutschland sicher auch fragen: Hat in Europa auch die Gleichberechtigung zwischen Mann und Frau etwas damit zu tun hat, dass sich so viele Ehepaare trennen? Ist es durch die Gleichberechtigung schwieriger, die komplizierte Balance zwischen zwei Eheleuten zu halten? Gibt es dadurch einen noch größeren Druck auf beide Ehepartner, nicht nachzugeben und keine persönlichen Freiheiten zugunsten des anderen preiszugeben? Bei einem modernen Europäer wird allein diese Frage moralische Entrüstung hervorrufen. Kann man auf das Thema überhaupt einen wertfreien Blick werfen?

Manchmal denke ich auch, dass die individualistische Prägung in der westlichen Welt eine Rolle spielt. Grundsätzlich schätze ich den Individualismus in Deutschland und die damit verbundenen Freiheiten, diese bringen viele starke und selbstbewusste Persönlichkeiten hervor. Ich bewundere den tief verwurzelten Wunsch nach Persönlichkeitsentfaltung und die Möglichkeit dazu in dieser freien Gesellschaft. Aber Individualismus kann auch zu geringerer Kompromissfähigkeit führen, zu weniger Gemeinschaftssinn.

In arabischen Kulturen bleiben viele Ehepaare, die sich eigentlich schon auseinandergelebt haben, nur wegen der Kinder noch ein Paar und wegen der Gesellschaft, die in Syrien bekanntlich »Augen« hat. Das ist oft tragisch und ohne Frage nachteilig für die Persönlichkeitsentfaltung der Eltern. Aber eine Trennung ist oft ebenso tragisch, vor allem wenn kleine Kinder im Spiel sind. Diese verstehen die Situation nicht, und ihr Grundvertrauen kann Schaden erleiden.

Ich möchte nicht behaupten, dass arabische Ehen besser oder stabiler wären als europäische. Neben einer unzulässigen Verallgemeinerung wäre dies schlicht nicht wahr. Aber es gibt beim Thema Ehe viele kulturelle Unterschiede zwischen Deutschland und Syrien. In Europa wird eine Hochzeit, ob im Standesamt oder in der Kirche, mit einem Jawort besiegelt. Diesem »Ja« geht in der Regel ein mehrjähriges Zusammenleben voraus. Müsste man sich dadurch bei einer Hochzeit nicht viel sicherer sein, dass der Partner wirklich der richtige ist?

In Syrien haben Paare vor der Hochzeit meist noch nicht zusammengelebt. Es gibt, zumindest offiziell, keine Intimitäten vor der Heirat, die Vorgeschichte der Ehe ist meistens kurz. Bei Hochzeiten in Syrien gibt es übrigens selbst bei orthodoxen Christen kein »Jawort« bei der Hochzeitszeremonie, kein explizites Versprechen, das es zu halten gilt.

Und hier treffe ich auf einen Widerspruch. Ich habe Deutschland als ein Land kennengelernt, in dem Verbindlichkeit einen viel höheren Wert hat als in der arabischen Kultur. »Versprochen ist versprochen und wird nicht gebrochen«, so rufen es hierzulande schon die Kinder auf der Straße. Diese Verbindlichkeit haben die Deutschen tief in sich aufgenommen. Sie gilt im Privaten wie Beruflichen, ohne dass viel darüber geredet werden müsste. Araber, besonders arabische Jugendliche, leiten ihre Sätze zwar oft mit der Floskel »Ich schwöre …« ein, aber das ist nur heiße Luft. Deutsche benutzen eine solche Formulierung nur selten, und noch seltener wird irgendetwas öffentlich versprochen, geschworen oder gelobt. Viele tun das nur einmal in ihrem Leben: bei der Hochzeit.

Viele Kinder verheirateter Eltern wissen, dass sich Mama und Papa bei der Eheschließung versprochen haben: »… in guten wie in schlechten Tagen, bis dass der Tod uns scheidet.« Ich war verwundert darüber, dass die sonst so nüchternen Deutschen bei Eheschließungen so starke und verbindliche Formulierungen benutzen. Was denken nun Kinder, wenn sie verstehen, dass ihre Eltern sich dieses Versprechen gegeben und es dennoch gebrochen haben? In Deutschland gilt, viel mehr als in der arabischen Kultur, dass man sein Wort halten muss. Wenn man es nicht halten kann, wäre es dann nicht besser, man hätte es sich nie gegeben?

Um unsere französische Freundin zu trösten, die nun von ihrem Mann getrennt ist, schreibe ich ihr einen Brief mit Zeilen aus einem syrischen Lied:

»Wie schwer ist es, dass sich unsere Gefühle nach so vielen Sommern geändert haben?
Der Himmel wird Trauer regnen, und alles im Kopf ändert sich.
Ich kann nicht an ein Morgen in Einsamkeit und ohne Sicherheit denken.
Ich habe Angst, dass niemand mehr nach mir fragt.
Das Feuer der Trauer verbrennt mich, und nur meine Tränen trösten mich.
Ich kann unsere Bilder nicht aus meiner Seele löschen.«

20. Februar 2021

Kleines Fräulein Nein

Ich habe mal gehört, dass das Wort »Nein« eines der ersten sei, das Kleinkinder in Deutschland lernten. Ihr Deutschen findet das schrecklich. Für mich ist es ein Zeichen für Freiheit. Die meisten Deutschen gewöhnen sich heute wohl schon früh an diese Freiheit.

Als unsere ältere Tochter in Deutschland eingeschult wurde, bekamen alle Erstklässler einen Zettel. Ich erinnere mich nicht mehr wörtlich an den Inhalt, aber sinngemäß stand dort, dass sie manchmal auch ein »Nein« akzeptieren und lernen müsse, in bestimmten Situationen selbst »Nein« zu sagen. Sie hat es beherzigt, auch zu Hause. Manchmal nenne ich meine Tochter deshalb ironisch »Frau Nein«.

Wenn wir mit deutschen Familien zusammen sind, fallen mir bei diesem Wort immer wieder kulturelle Unterschiede auf. Eltern in Deutschland akzeptieren erstaunlich oft das »Nein« ihrer Kinder. Sie versuchen nicht unbedingt, das Kind umzustimmen, wie es in der arabischen Kultur häufig der Fall wäre.

Ein Beispiel? Kürzlich waren wir bei Freunden zu Besuch, deren Sohn wiederum Freunde zum Spielen eingeladen hatte. An einer Stelle sagte der Junge zu einem Spielgefährten: »Nein, ich möchte nicht, dass du in mein Zimmer gehst.« Sein Freund war daraufhin etwas traurig. Die Eltern beobachteten die Szene, griffen aber nicht ein. Sie respektierten die Meinungsfreiheit des Kindes, seine Autarkie.

Die Persönlichkeitsentfaltung, der Individualismus, das »Ich« hat für viele Deutsche einen hohen Stellenwert. Das ist anders als in der arabischen Kultur. Dort würden Eltern, etwa wenn ihr Kind sich weigert, aus seinem Zimmer zu kommen, um Besucher zu begrüßen, versuchen, das Kind umzustimmen, um den Erwartungen anderer zu entsprechen. In arabischen Gesellschaften kommt eher das »Wir« an erster Stelle, also das Kollektiv und das eigene Ansehen vor diesem Kollektiv.

Das bedeutet nicht, dass arabische Kulturen solidarischer wären als europäische. (Sie sind es nicht!) Aber es wird mehr Rücksicht darauf genommen, was gesellschaftlich erwartet wird. Man sagt dort »Die Gesellschaft hat Augen« und lebt in der ständigen Sorge, dass andere schlecht über einen sprechen könnten. Die arabische Kultur ist in dieser Beziehung kollektivistischer als die deutsche.

Auch für uns erwachsene Araber in Deutschland ist das noch immer eine Herausforderung. Wenn ich von jemandem gefragt werde, ob ich kurz Zeit hätte, kommt mir ein »Nein« nur schwer über die Lippen. Ich möchte niemanden vor den Kopf stoßen. Deutsche dagegen verneinen eine solche Frage durchaus, wenn sie etwas anderes zu tun haben. Hier müssen wir Zuwanderer oft noch lernen, dass eine Verneinung nicht zwangsläufig eine Unfreundlichkeit bedeutet, sondern nur eine ehrliche Rückmeldung.

Auch wenn man Deutsche am Feierabend oder am Wochenende auf etwas Berufliches oder Dienstliches anspricht, bekommt man oft ein »Nein« zurück. Was die Trennung von Arbeit und Freizeit angeht, sind die Deutschen sehr strikt. Wir hören Deutsche öfter sagen »Gott sei Dank ist Wochenende!« oder »Endlich Feierabend«. Danach wollen sie nicht mehr gestört werden. Selbst in der Schule sagen die Lehrer zu ihren Schülern: »Ihr braucht am Wochenende nicht zu lernen, erholt euch lieber.« Meine Versuche, unsere Töchter am Wochenende dennoch zu überreden, für die nächste Klassenarbeit zu lernen, scheitern seitdem kläglich.

In Syrien gibt es die »Kultur des Wochenendes« und den hohen Stellenwert der Ferien nicht. Arbeit und Freizeit sind dort enger miteinander verwoben. In Deutschland dagegen flöten einem die Menschen freitags ihr »Schönes Wochenende« entgegen, als stünde Weihnachten vor der Tür. Meine Frau und ich versuchen inzwischen angestrengt, die gleiche Melodie zu sprechen, wenn wir unseren Mitmenschen ein »schönes Wochenende« wünschen.

Die Deutschen halten auch meist eine detaillierte Planung von Freizeitaktivitäten für die Wochenenden vor. Denn auf ihren schwungvollen Wochenendgruß folgt oft auch ein »Habt ihr was geplant?«. Corona muss für Euch Deutsche sehr verwirrend gewesen sein, weil es für die Wochenenden weniger zu planen gab, oder?

28. Mai 2021

Wie man Danke sagt

In einem syrischen Dialekt heißt Danke: »Jislamo.« Die Stimme folgt dabei einer bestimmten Melodie. Der letzte Vokal wird lang gezogen, und die Tonhöhe steigt: »Jislamoooo.« Eine entsprechende Melodie habe ich im deutschen »Danke« noch nicht festgestellt. Aber vielleicht muss ich mich in die deutsche Sprache noch besser hineinhören.

Gibt es eine Kultur des Dankens? Ja, natürlich. Dankbarkeit kann sogar ein Lebensstil sein, eine Philosophie. Und wenn es eine Dankeskultur gibt, dann gibt es bestimmt auch kulturelle Unterschiede: Wie man dankt, wann man sich bedankt und welchen Wert das hat. In jeder Kultur versuchen Eltern, dies an ihre Kinder weiterzugeben. Die Art des Dankens sagt auch etwas über die Sozialisation eines Menschen aus.

Kürzlich fragte ich meine Töchter: »Wie heißt das Zauberwort?«

Cilina antwortete: »Bitte!«

Ich fragte, ob es noch ein anderes Zauberwort gäbe.

Cilina sagte: »Ja, das gibt es. Es heißt Danke.«

Ihre ältere Schwester Christina korrigierte: »Nein, das ist kein Zauberwort.«

Ich sagte: »Doch, meine Kinder, ich finde, Danke ist auch ein

Zauberwort! Ich werde es euch beweisen. Vor einer Woche hat mir eine deutsche Freundin per Post ein Buch geschickt. Ich bekam das Paket, aber ich habe mich nicht gleich bedankt, sondern habe das auf später verschoben. Nach einer Woche bekam ich eine SMS. Meine Freundin machte mir darin den berechtigten Vorwurf, dass ich mich nicht bedankt und noch nicht einmal mitgeteilt hätte, dass das Buch angekommen sei.«

Als meine Kinder das hörten, riefen sie: »Schämst du dich nicht? Du hast dich nicht einmal bedankt?«

Ich antwortete zerknirscht: »Ich wollte mich ja bedanken. Aber ich will euch erklären, warum das nicht sofort passiert ist.«

Sie sagten: »Dann erzähl mal, du komischer Syrer!«

»Wisst ihr was, meine Töchter? Wir haben ein arabisches Sprichwort. Es heißt: Verschiebe die Arbeit von heute nicht auf morgen. (Ich denke, im Deutschen gibt es ein ähnliches Sprichwort.) Nur leider fällt es nicht immer leicht, sich an dieses Sprichwort zu halten. Manche, wie ich, sagen: Ich mache das später! Das Leben von uns Arabern ist langsamer als das der Deutschen. Wir lassen es laufen, das ist unser Mechanismus. Wir haben die Zeit, die Deutschen haben die Uhren. Ich hatte ja den Vorsatz, mich bei der Absenderin der Buchsendung zu bedanken, aber keinen festen Plan, wann. Nachdem das Paket angekommen war, habe ich es zuerst um einen Tag verschoben, mich zu bedanken, dann um einen weiteren Tag. Aber am dritten Tag hatte ich es wohl tatsächlich vergessen. Meine Freundin schrieb in die SMS: ›Es gab mal eine Kolumne von Euch, die überschrieben war mit: Das habe ich von Euch Deutschen gelernt.‹ Ich frage mich nun, was Du von den Deutschen gelernt hast, wenn Du Dich nicht einmal für ein Paket bedankst. Ein einfaches ›Danke‹ hätte mir gereicht, und ich hätte gewusst, dass das Buch angekommen ist. Ich war peinlich berührt und rief sie an, um mich zu entschuldigen. Sie hatte recht. Aber eben dieses ›einfache Danke‹ war das Problem.«

Meine Töchter erwiderten: »Wie kann ein einfaches Danke ein Problem sein?«

Ich erklärte: »Unsere arabische Mentalität liebt die Übertreibung. Die Hyperbel ist die Königin der arabischen Poesie. Ich hoffe, Ihr könnt diese Art zu kommunizieren irgendwann verstehen und lacht nicht nur darüber. Ein ›einfaches Danke‹ für einen solchen Gefallen würde einem Araber nicht reichen. Das wäre viel zu sparsam für unser überlaufendes Mundwerk. Es nervt mich auch, wenn Gerd auf eine Frage in einer E-Mail oder SMS einfach mit einem Daumen-hoch-Symbol oder Smiley antwortet. Ich möchte mehr Wörter als Feedback. Wenn eine arabische Frau ihren Mann fragt, wie er ihr Kleid findet, und der Mann würde nur ›Gut‹ antworten, so wäre das Stoff für eine Ehekrise.«

Cilina fragte: »Wie dankt man denn in Syrien?«

Ich antwortete: »Jetzt möchte ich erklären, warum ein schöner Dank eine Zauberwirkung haben kann. Als ich klein war und unsere Tante uns besuchte, brachte ich ihr stets ein Glas Wasser an den Lehnstuhl. Dies war für mich immer ein besonderes Vergnügen. Warum? Weil sie antwortete: ›Danke, Gott segne deine Hände und beschütze dich, du hübscher Junge!‹ Diese Komplimente zu hören, hob regelmäßig meine Stimmung, wie ein kleiner Zauber. Als Kind hörte ich meine Großmutter morgens sogar dem Herrn für den neuen Sonnenaufgang danken. Ebenso dankte sie im Abendrot Gott für den schönen Tag. Wir danken Gott vor und nach dem Essen. Wenn wir mit dem Auto irgendwo hinfahren, danken wir anschließend dafür, gut angekommen zu sein. Verrückt, oder? Wir Araber machen aus jedem Dank eine Kurzgeschichte. Deshalb wollte ich meine Freundin nicht mit einem einfachen ›Danke für das Buch‹ abfertigen. Es wäre ein Leichtes gewesen, eine entsprechende SMS zu senden, aber ich hätte mich schlecht dabei gefühlt. Ich hatte stattdessen das Bedürfnis, ihr einen Brief zu schreiben und ihr darin mit vielen Komplimenten meinen tiefen Dank auszudrücken. Aber im Alltagsstress habe ich es wieder und wieder aufgeschoben und schließlich vergessen. Die Dankbarkeit ist in der arabischen Kultur tief verwurzelt. Genauso wie ein gewisser Schlendrian.«

Meine Töchter, die sich schon wie echte Deutsche fühlen, schüttelten betroffen die Köpfe.

Es ist tatsächlich so. Dankbarkeit ausführlich und in blumigen Worten auszudrücken, ist den meisten Arabern tief eingeimpft. Wenn man sich nur als Pflichtübung in Form einer Floskel bedankt, ist das für uns Araber ein »kalter« Dank. Nur selten, bei sehr engen und vertrauensvollen Beziehungen, kann bei Arabern auf wortreiche Dankbarkeit verzichtet werden. Andererseits soll man es auch nicht übertreiben. Es gibt auch im Arabischen einen Unterschied zwischen einem dankbaren Menschen und einem »Schleimer«. Man merkt, ob bei einem Dank aufrichtige Gefühle geäußert werden oder ob es sich um Lobhudelei handelt.

Ein Dank kann einem Menschen viel positive Energie, Motivation und Schaffenskraft geben, sowohl dem Sender als auch dem Empfänger. Motivationstrainer wissen, dass Kritik zwar wichtig ist, aber nicht motiviert. Die Motivation durch Lob und Dank ist viel stärker. Die Dankbarkeit meiner Studenten beispielsweise hat mir im Bürgerkrieg den Mut gegeben, jeden Tag zur Uni zur Arbeit zu gehen, trotz der Raketen, die über die Stadt flogen.

In der ersten Corona-Welle hat Angela Merkel sich bei vielen Deutschen in einer Fernsehansprache bedankt. Das hat Zusammenhalt gestiftet und viele Menschen motiviert, den Weg der Einschränkungen mitzugehen. Warum? Weil sie sich nicht bei irgendwelchen Politikern oder anderen wichtigen Persönlichkeiten bedankt hat, sondern weil sie insbesondere den Kassiererinnen an den Supermarktkassen, den Mitarbeitern in Gesundheitsämtern und dem Pflegepersonal gedankt hat. Während der Pandemie hörte man in deutschen Medien zum Thema Corona hauptsächlich Besserwisserei, Meckern und Kritik: Wer wann zu spät oder zu teuer Impfstoff gekauft habe, wer wann eine leere Versprechung gemacht oder eine Fehleinschätzung abgegeben hat. Vielleicht sollte man den Entscheidungsträgern in diesem Land auch einmal für ihren Einsatz danken. So schlecht haben sie ihren Job nämlich gar nicht gemacht.

Ich sagte also zu meinen Töchtern: »Habt ihr Papa verstanden? Danke ist mehr als ein Wort – es ist ein Zauberwort, wie eine leuchtende Kugel. Darin steckt viel Beziehungsstiftendes. Danken ist aber auch eine Kunst, die man lernen und üben muss. Und nicht vergessen darf.«

5. März 2021

Schlüsselübergabe

Es gibt hier in Europa einen schönen Brauch: Liebespaare bringen Vorhängeschlösser am Geländer großer Brücken an. In Köln findet man sie an der Hohenzollern-Brücke, in Paris am Pont des Arts, in Rom an der Milvischen Brücke. Nach dem Anschließen werfen die Paare den Schlüssel in den Fluss. Sie wollen damit ihre Liebe zueinander dokumentieren, vielleicht sogar verewigen. Unwahrscheinlich ist, dass diese Übung in allen Fällen zum Erfolg geführt hat. Manchmal dürften die Schlösser am Geländer die tatsächliche Beziehung überdauert haben.

In Moskau hängen junge Paare übrigens Vorhängeschlösser an die Äste von Bäumen, in China legen Verliebte Schlösser auf die Große Mauer. Wo die Chinesen dann den Schlüssel lassen, weiß ich nicht.

In meiner Kindheit besaß ich nie einen Schlüssel. Erst als ich 19 Jahre alt war und nach Frankreich gezogen bin, hielt ich erstmals einen eigenen in den Händen. In dem syrischen Dorf, in dem ich als Kind gewohnt habe, gab es kaum verschlossene Türen. Niemand hatte Angst vor Einbrechern oder Dieben. Bei den Türen in unserem Haus waren die Schlösser entweder kaputt oder offen. Unsere Haustür war aus Holz und so schwer wie eine Kirchentür. Schlug man sie mit viel Kraft zu, war das ganze Dorf wach. Wenn wir mit unserer Mutter das Haus verließen, haben wir immer darüber gelacht, dass wir unsere Haustür nicht abzuschließen brauchten. Einmal, weil das Schloss ohnehin immer kaputt war, zum anderen, weil es bei uns nichts zu klauen gab, da wir arm waren. Die Tür zu meinem Kinderzimmer dagegen habe ich manchmal auch ohne Schlüssel verschlossen. Um neugierige Geschwister am Betreten zu hindern, nahm ich einen Stift und verhakte damit die Türklinke am Türrahmen.

Später, in meiner Studienzeit in Frankreich, wohnte ich in einer WG in einem katholischen Wohnheim, das von einem Jesuitenpriester geleitet wurde. Dieser fragte mich ständig, wann ich mein Studium abschließen würde, da er das Zimmer gerne an jemand anderen vermieten wollte. Als mein Studium beendet war und ich ihm den Schlüssel übergab, fühlte ich mich plötzlich ausgeschlossen. In diesem Moment besaß ich nichts mehr in Frankreich. Da erst fasste ich den endgültigen Entschluss, Frankreich zu verlassen und in meine Heimat zurückzugehen. In Syrien standen mir alle Türen offen, wortwörtlich. Seitdem haben Schlüssel für mich eine besondere Bedeutung.

Vor zwei Wochen habe ich mit einem Onkel in der Heimat telefoniert. Jede Woche gehen Menschen aus unserem Dorf ins Ausland, weil das Leben in Syrien immer schwerer wird. Aus unserer Familie verließ seinerzeit mein Bruder als Erster das Land und ging nach Deutschland. Dann ging meine Schwester, es folgten zwei meiner Cousins. Ich aber sagte mir damals: Ich bleibe hier, wie ein Burgherr in seiner Zitadelle.

Doch das Leben wurde immer beschwerlicher: Das Geld verlor seinen Wert, es gab selten Strom, kaum noch Heizöl und immer weniger Wälder, da mit dem Holz geheizt wurde. Nach einigen Jahren habe auch ich es nicht mehr ausgehalten. Schweren Herzens packten meine Frau und ich mit unseren beiden Kleinkindern die Koffer. Ich übergab unsere Haustürschlüssel meinem Onkel. Dieser hatte inzwischen eine ganze Sammlung von Schlüsseln: von seinem Bruder, seiner Schwester und von vielen Verwandten. Ich sagte damals zu ihm: »Du bist die letzte Burg!«

In unserem Telefonat vor zwei Wochen erzählte mir nun dieser Onkel, dass auch ihn nichts mehr in unserem Dorf halte. Er überlege, das Land zu verlassen und nach Australien oder Kanada zu gehen. Was wird er wohl mit all den Schlüsseln machen? Die Übergabe von Schlüsseln ist in meiner Heimat zu einem Symbol der Niederlage geworden.

Es gibt ein syrisches Lied:

»Wer Gold verliert, kann es vielleicht auf dem Goldmarkt wiederfinden.
Wer seinen Schatz verliert, wird diesen nach einem Jahr vielleicht vergessen.
Aber wer seine Heimat verliert, wo findet er sie wieder?«

Ich kann sagen: Ich habe eine Heimat hier in Deutschland gefunden. Ein Land, in dem die Leute dir die neuen Schlüssel zeigen – sie heißen Sprache, Arbeit, Bildung, gesellschaftliches Leben. Wenn du den Umgang mit diesen Schlüsseln beherrschst, kannst du als Zuwanderer viele Türen damit öffnen.

Einen Schlüssel habe ich noch übrig. Ich kette damit ein Liebesschloss an Deutschland und werfe ihn in die Wümme.

1. April 2021

Facebook hilft nicht beim Ankommen

In einem Lied der Sängerin Fayruz heißt es:

»Berg in der Ferne! Hinter dir sind die Menschen, die ich liebe!«

Ich mag dieses Lied, aber leider passt es nicht mehr zu mir. Erstens, weil ich nicht mehr in den syrischen Bergen wohne, sondern in der norddeutschen Tiefebene. Und zweitens, weil es durch das Internet eine Art Fernglas mit Röntgenblick gibt, durch welches man ständig in die Heimat gucken kann. Das ist Fluch und Segen zugleich.

In der Pandemie, wo gefühlt alle zu Hause, aber alle online waren, stieg die Bedeutung der sozialen Medien, im Guten wie im Schlechten. Schön war, dass man trotz Lockdown Kontakt zur Außenwelt halten konnte. Weniger schön war, dass soziale Netzwerke auch Corona-Leugner, Querdenker und Verschwörungstheoretiker befeuerten. Schon seit mehreren Jahren spielen soziale Netzwerke in der politischen Meinungsbildung eine höchst problematische Rolle. Ohne die Beeinflussung durch Facebook und die zugrunde liegenden Algorithmen von Cambridge Analytica wäre Trump wohl nicht zum Präsidenten der USA gewählt worden, und wahrscheinlich wäre es nicht zu der knappen Mehrheit für den Brexit im Vereinigten Königreich gekommen. Auch die AfD in Deutschland verdankt ihren Aufstieg zum Teil den sozialen Netzwerken und den Falschmeldungen, die dort verbreitet werden.

Dennoch gebe ich zu, dass auch ich diesem Medium verfallen bin. Für mich ist Facebook bereits zu einer morgendlichen Routine geworden, und auch im weiteren Tagesverlauf checke ich mehrmals meine sozialen Netzwerke. Sie sind für mich zu einem Fenster in die Welt geworden. Oder schon zu einer Droge? Wie andere Menschen eine Zigarette brauchen, habe ich ständig das Bedürfnis, die neuesten Posts auf Facebook, Twitter und WhatsApp zu lesen.

Ich habe die Wahrnehmung, dass bei vielen Arabern die Hinwendung zu sozialen Medien noch stärker ist als bei Deutschen. Viele Deutsche haben aus gutem Grund noch eine gewisse Skepsis gegenüber sozialen Medien. Bei den meisten Syrern, die ich kenne, ist diese Hemmschwelle gefallen. Und auch die Inhalte der Posts meiner deutschen und meiner syrischen »Freunde« auf Facebook unterscheiden sich erheblich: Die deutschen Beiträge handeln oft von Politik, Umweltschutz, Corona, Tierschutz oder sind einfach nur lustig. In den syrischen Beiträgen dagegen geht es viel stärker ins Private. Es geht darum, wer wen geheiratet hat, wer ein Kind bekommen hat, wer gestorben ist, wer eine neue Frisur hat oder wer wen auf einer Reise besucht hat. Natürlich gibt es auch viele solcher privaten Posts von deutschen Facebook-Nutzern, aber bei Syrern ist das stärker verbreitet. Insbesondere die ständigen Todesanzeigen aus meiner Heimat ziehen mich jeden Morgen herunter.

Wenn ich früher durch Damaskus gegangen bin, habe ich die Straßen und Wege gewählt, die mir am besten gefallen haben. Auf Facebook kann ich das nur begrenzt. Ich kann zwar bestimmte Personen nicht mehr abonnieren, aber dennoch werde ich massenweise mit Nachrichten und Bildern konfrontiert, die ich gar nicht sehen möchte.

Seit ich Facebook nutze, habe ich regelmäßig den Vorsatz, meinen Account zu löschen. Zu viel Unsinn, zu viel Negatives, zu viel Fake News. Aber ich schaffe es nicht, denn ich habe Sorge, von zu vielen Informationen abgeschnitten zu sein. Wenn ich Facebook dauerhaft verlassen würde, wäre es, als ob ich eine Mauer zwischen mir und meiner Heimat bauen würde, die mich von vielen Informationen aus Syrien abschneidet. Ich könnte nur noch gelegentlich hochklettern und über die Mauerkrone blinzeln, um zu sehen, was auf der anderen Seite los ist. Etwa, wenn meine Frau Hala mir erzählt, was sie auf Facebook gelesen hat, oder wenn ich, ganz altmodisch, mit Menschen aus Syrien Briefe austauschen oder telefonieren würde.

Facebook macht die Welt kleiner. Ich kann Nachrichten aus meinem Heimatland lesen und mit vielen Freunden und Verwandten dort Kontakt halten. Einmal während der Corona-Pandemie habe ich meine 70-jährige Mutter hier in Rotenburg besucht. Ich wollte ihr in der trüben Lockdown-Zeit eine Freude machen, packte mein Smartphone aus und fragte sie, ob sie mit ihrem Bruder in Syrien reden wollte. Sie antwortete: »Nein danke, ich habe ihn gestern schon gesehen und mit ihm gesprochen.« Ganz schön modern für eine syrische Oma.

Bevor es das Internet gab, war es etwas Besonderes, Nachrichten von Verwandten zu erhalten, die weit weg wohnten. Wochenlang hat man auf einen Brief gewartet. Heute sind diese Menschen nur einen Klick von einem selbst entfernt. Aber geht dabei nicht auch etwas verloren? Ein sehnlich erwarteter Brief, den man endlich öffnet und liest, ist wie ein fürstliches Vier-Gänge-Menü mit Hunger im Bauch. Nachrichten auf Facebook sind dagegen oft nur billiges Fastfood.

Ich habe das Gefühl, dass durch soziale Medien viele Dinge ihre Bedeutung verlieren. Man kann seine Heimat kaum vermissen, wenn man in der digitalen Welt doch ständig vor Ort ist. Ich liebe meine Heimat und werde sie nie vergessen. Aber das Abschiednehmen und Vermissen finde ich auch wichtig, um sich von einer Sache zu trennen und sich einer neuen Sache zuzuwenden.

Facebook macht dadurch auch das Ankommen für Zuwanderer in Deutschland schwerer, weil man ständig weiterhin an seinen alten Bekannten in der Heimat hängt, ihre Sichtweisen teilt, an ihrem Leben teilnimmt, in ihrer Sprache kommuniziert und so weiter. Ohne soziale Medien wären Zuwanderer viel stärker gezwungen, sich mit Deutschland, mit ihren hiesigen Mitbürgern und Nachbarn auseinanderzusetzen. Man kann nicht ewig in zwei Welten leben. Viele Flüchtlinge sind heute physisch in Deutschland, aber im Kopf noch in der Heimat, die sozialen Medien ermöglichen es ihnen. Sie schauen dabei auf ihre syrische Vergangenheit statt auf ihre Zukunft hier in Deutschland. Wenn man als Zuwanderer zu viel auf Facebook & Co. unterwegs ist, kann man nicht wirklich im deutschen Hier und Jetzt ankommen. Ich sollte meinen Facebook-Konsum reduzieren.

13. März 2021

Die Reset-Taste

Was das Schicksal wohl noch für Überraschungen für uns in petto hält, von denen wir nichts ahnen? Oft ist das Leben sprunghaft wie das Wetter im April.

Vor zwei Wochen war alles in bester Ordnung. Unser Ankommen in Deutschland, unsere Kinder, meine Festanstellung, unser Buch. Ich bin erst fünfzig, habe schon einiges erreicht, aber noch vieles zu geben. Die Welt war ein rosa Wattebausch. Das änderte sich sehr plötzlich.

Ich wache um sechs Uhr auf, mir ist schlecht, ich habe Brustschmerzen und bin klatschnass geschwitzt. Ich schleppe mich zur Couch ins Wohnzimmer und rufe meiner Frau zu, sie soll einen Krankenwagen rufen. Und es war kein Aprilscherz.

Meine Frau gibt mir den Hörer weiter, denn der Mann in der Rettungsleitstelle will mit mir persönlich sprechen. Ich beschreibe, was los ist. Nur unglaubliche fünf Minuten später steht der Rettungswagen vor der Tür. Dies ist ein tolles Land! Aber ich bin unsicher: Übertreibe ich gerade? Ist mir vielleicht nur ein bisschen warm? »Nein, bitte, ich kann die Treppe alleine runtergehen!« Wieso darf ich das nicht? Ich liege auf einer Trage und sehe von draußen meine Kinder hinter dem Fenster stehen.

Dann Notaufnahme, Intensivstation, Befragung, Untersuchung,

Unterschriften – keine halbe Stunde später habe ich einen Herzkatheter in der Brust. In Gedanken sage ich zum Teufel: »April, April! Ich sterbe heute doch noch nicht!«

Als Ergebnis der Untersuchung wird mir mitgeteilt, dass eine Seite meines Herzens aufgrund einer verstopften Arterie wohl schon seit Längerem nicht mehr richtig durchblutet und von der anderen Herzseite mitversorgt wird. Jetzt ist auch auf dieser Herzseite ein Engpass.

Nach dem ersten Herzkatheter bin ich eine Woche im Krankenhaus. Mein Vater ist gestorben, als er Mitte dreißig war, so alt wie ich ist er nie geworden. Auch in mir tickte also schon länger eine kleine Zeitschaltuhr, von der ich nichts wusste.

Viele Kabel an meiner Brust. Ich bin beeindruckt vom Betrieb auf der Intensivstation. Nette, lächelnde Menschen treten an mein Bett, stellen sich vor und kümmern sich um mich. Auch der Arzt erklärt mir alles sehr freundlich. Er ist witzigerweise auch Syrer, aber er spricht nur deutsch mit mir.

Ich habe überlebt und spüre dennoch Angst. Da bekomme ich eine SMS von meinem Freund Elmar, der auch schon mal einen Herzinfarkt hatte: »Hallo, Samer, wir haben von Hala gehört, dass du im Krankenhaus bist. Wir wünschen dir gute Besserung. Mach dir keine Sorgen. Du bist in guten Händen.« Über den letzten Satz muss ich nachdenken. Das Bild von den schützenden Händen bewirkt bei mir ein wohliges Vertrauen in das Krankenhaus und die Menschen um mich herum.

Auf Station: »Guten Tag, ich bin Andreas, ich werde mich um Sie kümmern!« »Guten Tag, ich bin Malina!« »Hallo, ich bin Christine, was kann ich Ihnen Gutes tun?« »Guten Abend, ich bin Vanessa.« Die Pflegekräfte strahlen mir gegenüber gute Laune aus, obwohl sie sicher im Stress sind. Auch das gibt mir neuen Mut und macht mein Herz größer. Ich bin tatsächlich in guten Händen.

Gerd schreibt mir eine WhatsApp, dass unsere Kolumne gut angekommen ist, was mich sehr freut. Ich sollte ihn mal anrufen und erzählen, was passiert ist. Die positiven Rückmeldungen zu unserer Kolumne geben mir neue Kraft. Nachts um zwei Uhr wache ich auf. Ein Arzt steht im Halbdunkel neben meinem Bett. »Sind Sie der ›Syrer in Rotenburg‹?« »Ja.« »Ich bin von einer anderen Station und wollte sichergehen, ob Sie es sind. Ich habe das Buch gelesen kenne auch Ihren Co-Autor. Machen Sie bitte weiter mit dem Schreiben!« Danke für diese Spritze Zuversicht, unbekannter Arzt.

Die Visite: »In ein paar Tagen legen wir den anderen Herzkatheter.« Warum spricht der syrische Arzt immer noch deutsch mit mir?

Verlegung in ein Vierbettzimmer. Ich darf wieder alleine aufstehen und auf die Toilette gehen. Ein Zimmernachbar ist ein etwas verrückter Osteuropäer, aber wenigstens nicht so schweigsam wie die Deutschen. Ich nenne ihn Zorbas. Warum hat der Mann ein Kopftuch? Sein Handy klingelt alle paar Minuten. Er öffnet dann stets in Zeitlupentempo den Nachtschrank, spuckt auf seinen Finger und drückt auf das Display. Auf diese Weise schafft er es nie, ein Telefonat anzunehmen. Als wir uns ein bisschen kennengelernt haben, frage ich ihn, wie oft er noch auf seinen Finger spucken wolle, um im Anschluss den Anruf zu verpassen. Er sagt, das Handy sei von geringer Qualität, und man müsse das so machen. Irgendwann wird es mir zu bunt, und ich beweise ihm, dass man auch das Display *dieses* Handys mit einem trockenen Finger deutlich besser bedienen kann und dadurch keine Anrufe mehr verpasst. Schon sind wir Freunde.

Wir Araber sind ja oft lauter als die Deutschen. Aber Zorbas ist eine völlig andere Liga. Ich weiß, dass ich den Tee schlürfe, wie viele Araber es tun. Aber Zorbas schnorchelt den Tee geradezu durch seine Lippen. Am schlimmsten ist: Nachts sägt er ganze Wälder. Um das Thema indirekt zur Sprache zu bringen, frage ich tags darauf die Zimmergenossen, ob ich schnarche. Die anderen verneinen. Zorbas voller Überzeugung: »Ich zum Glück auch nicht!« Wir prusten los. Einer sagt: »Zorbas – du orgelst nachts wie ein Lkw!« Ich freue mich über das für mich ungewohnte Wir-Gefühl unter vier fremden Männern in einem Krankenzimmer und sammle weiter neue Hoffnung.

Ich lerne neue Wörter. Angesichts des Wechsels von Sonne, Schnee, Sturm und Regen sagt ein Zimmergenosse: »Das Wetter schlägt Kapriolen!« Den Ausdruck kannte ich noch nicht. Aber ich finde, dass dieses Wort gerade gut zu meinem Leben passt.

Das Essen ist »geht so«, aber mit meinen Mitbewohnern darüber zu sprechen, ist ein Vergnügen. Können Sie sich vorstellen, wie es klingt, wenn ein arabischer Zuwanderer mit einem osteuropäischen Zuwanderer über den Inhalt von Hühnerfrikassee diskutiert? »Das ist Ahn.« – »Ahn?« – »Nein, is Hhahn!« – »Ähnchen.« – »Huhn.« – »Huuuun?« – »Nein, Kuke!« – »Kuken?« – »Kücken.« – »Nein, Gucke!« – »Glucke sitz auf die Eier.«

Ich lese ihnen blumige arabische Gedichte vor, die ich versuche ins Deutsche zu übersetzen. Auch das ist offenbar lustig. Jetzt, da ich mich zu Hause erhole, vermisse ich unsere kleine Schicksalsgemeinschaft fast ein bisschen.

Nächste Woche geht die Reha los. Ich habe noch ein Gramm Angst, aber ein Kilo Zuversicht in der Brust, freue mich auf alles, was kommt, und empfinde große Dankbarkeit. Ich möchte mich bedanken bei den unglaublich freundlichen und fleißigen Pflegekräften im Rotenburger Krankenhaus, bei dem syrischen Arzt (der mir am Schluss auch alles noch mal auf Arabisch erklärt hat) und bei vielen aufmerksamen Freunden. An meine drei Zimmergenossen richte ich einen herzlichen Gruß mit den Worten der arabischen Schriftstellerin Ahlam Mostaghanemi:

»Meine Mutter hat mich einmal zur Welt gebracht.
Die Liebe hat mich mehrfach geboren.
Die Liebe in allen ihren Formen ändert ständig meinen Geburtstag.«

17. April 2022

Das Gewieher meiner Trauer

Eigentlich heißt das lateinische Wort »Rehabilitation« übersetzt »Wiederherstellung«. Aber ich fühle mich nicht wie auf dem Weg der Wiederherstellung, sondern ich merke stattdessen, dass ich älter werde. Wenn man in meinem Alter in den Spiegel guckt, sucht man bei sich automatisch nach Falten oder grauen Haaren. »Mein Spiegel kennt meine Geschichte und weiß, wie ich mich verändert habe«, so geht ein arabisches Lied. Es ist doch verrückt: Wenn man klein ist, möchte man gerne groß sein. Und wenn man alt ist, wünscht man sich die Jugend zurück. Was für ein Trauerspiel! Was für eine Verschwendung und was für ein Widerspruch!

Wenn man bei uns in Syrien heiraten möchte, sucht man sich als Mann meistens eine jüngere Frau. Das muss man nicht gut finden, aber es gehört irgendwie zur arabischen Kultur. Im Durchschnitt beträgt der Altersunterschied bei syrischen Paaren in unserem Bekanntenkreis ungefähr zehn Jahre. Warum eigentlich?

Es gibt ein syrisches Lied, das sagt, die Frau altere schneller als der Mann. Das ist wenig charmant, und die deutsche Erzählweise gefällt mir besser, nach der Mädchen in ihrer Jugend geistig früher reifen als Jungen. Meine Generation von syrischen Männern hat sich selten in Mädchen aus ihrer Schulklasse verliebt. Diese waren meistens schon an ältere Jungs vergeben. Ich kenne keinen

Syrer, der eine ältere Frau geheiratet hat. In Deutschland dagegen habe ich viele Paare kennengelernt, bei denen das anders ist, z. B. bei Gerd und seiner Frau Ainhoa. Ein weiterer Unterschied ist, dass sich in Deutschland viele Menschen durch Sport bis ins hohe Lebensalter jung halten. Vielleicht ist der Altersunterschied bei Paaren in Deutschland auch deshalb weniger wichtig.

Aber auch in meinem Heimatland gilt: Zu groß sollte der Altersunterschied nicht sein! Als ich um die Hand meiner Frau Hala anhielt, war der einzige schwarze Punkt auf meiner ansonsten weißen Weste der große Alterstunterschied von 14 Jahren. Als wir geheiratet haben, war ich 39 und sie 25. Halas Freundinnen warnten sie vor der Hochzeit: »Sei vorsichtig: Später wirst du seine Pflegerin sein.« Heute spornt mich unser Altersunterschied an, mich möglichst fit und jung zu halten, und ich habe vor Kurzem begonnen, wie die Deutschen grundlos durch die Gegend zu joggen.

Meine Arbeit als Hochschuldozent in Syrien hatte mir immer geholfen, ein bisschen jung zu bleiben, da ich viel Kontakt zu jungen Menschen hatte. Aber jetzt in Deutschland ist das anders, besonders hier in der Reha. Ich sehe fast nur alte und kranke Menschen um mich herum, und das zieht mich herunter. Ich habe das Gefühl, dadurch selber alt und krank zu werden. Der Tiefpunkt ist dann der Blick in den Spiegel: Ich *bin* selber alt und krank. Ist das der Sinn einer Reha?

Kürzlich traf ich hier einen älteren Mann, der aus dem Fenster im fünften Stock schaute. Ich sagte zu ihm: »Du siehst traurig aus.« Er erzählte mir, dass seine Frau ihn verlassen habe. Sie habe ihm geraten, er solle sich nun eine andere Frau suchen. Um ihn etwas aufzumuntern, sagte ich ihm, das habe doch auch etwas Gutes: Er habe eine neue Chance bekommen. Aber er antwortete, er sei schon alt, 66 Jahre. Der Mann blickte weiter aus dem Fenster. Ich fragte ihn, was er da draußen sehe. Er antwortete, er schaue sich gerne die Vögel von oben im Flug an. Und dann sagte er etwas, das für mich wie eine Analogie auf das Leben klang: Von oben betrachtet sähen Vögel völlig anders und viel schöner aus, als wenn man sie von unten am Himmel sieht.

Meine Frau Hala und ich haben einen Brauch. Oft lese ich ihr abends vor dem Einschlafen arabische Gedichte vor. Kürzlich war ein besonders schönes von Nizar Kabani dabei, es trägt den Titel »Hörst du das Gewieher meiner Trauer?« und handelt davon, wie eine schöne junge Frau an die Tür des inzwischen greisen Dichters klopft. Der Alte öffnet und sagt zu ihr:

»Ich bin eine Sprache ohne Buchstaben, ein König ohne Königreich, ein Haus ohne Türen und Wände.
Du junger, grüner Wald! Es tut mir weh, dass du erst jetzt zu mir gekommen bist.
Der Rasen auf meiner Brust ist vertrocknet, und meine Ährenzweige sind gebrochen.
Ich habe in meinem Haus kein Feuer mehr zum Entzünden.
Bitte, bringe mich nicht in Verlegenheit! Die Mandeln an deinem Baum kann ich nicht erreichen.
Ich habe der Liebe nichts mehr zu geben, nur das Gewieher meiner Trauer.
Was ich in dein Heft schreiben würde, könnte ich nicht mehr signieren.
Du Katze mit deinen blauen Augen!
Früher fühlte ich mich als starker Fürst, ich trug die Welt auf meinen Schultern und die Poesie auf meinen Augenlidern.
Heute habe ich weder Pferd noch Säbel. Meine Orden sind auf deine Brust herabgefallen, genauso wie mein Zepter und meine Krone.«

3. Mai 2021

Warum der Neid?

Als Araber habe ich es manchmal schwer mit der deutschen Sprache. Sie ist so ausgefeilt, es gibt so schrecklich viele Wörter, die eine ähnliche, aber eben nicht die gleiche Bedeutung haben. Eine Herausforderung ist zum Beispiel der Unterschied zwischen »können«, »dürfen«, »sollen« und »müssen«. Oder noch schlimmer: Der Unterschied zwischen »wohin« und »wo«. Noch dazu wird das »Wohin« mit einem Akkusativ verbunden, das »Wo« mit einem Dativ … aber manchmal auch mit einem Akkusativ. Es ist zum Verzweifeln. Vielleicht haben Sie schon mal Araber getroffen, die bei diesen Unterscheidungen straucheln.

An einer anderen Stelle dagegen macht die deutsche Sprache es uns Ausländern leicht, da es drei Synonyme für ein Wort gibt: »Wieso«, »Weshalb« und »Warum«. Im Arabischen gibt es nur ein Wort, um nach dem Grund zu fragen: »Limaza«, oder umgangssprachlich: »Lesch«. Meine Frau hat ein Problem mit diesem Wort. Ich frage anscheinend ständig nach dem Grund für irgendwas. Sie macht das völlig fertig. Sie sagt, es macht ihren Kopf kaputt. Wenn wir schlafen gehen, frage ich sie, warum sie drei Decken braucht. Ich frage auch, warum der Zucker an einem anderen Platz steht. Warum der Wohnzimmerschrank anders dekoriert ist. Warum sie dieses oder jenes gesagt hat. Sie meint jetzt, die drei

Wochen, in denen ich in der Reha war, waren eigentlich auch ganz schön.

Sie sagt: »Wie gesegnet wäre ich, wenn Gott es mir jedes Mal vergüten würde, wenn du dieses Wort sagst.« Ich sage dann: »Bei einem deutschen Mann wärst du besser aufgehoben. Er hätte drei verschiedene Wörter zur Auswahl, wenn er nach dem Grund fragt.«

Fragen Deutsche mehr als andere Nationalitäten nach dem Grund? Vielleicht ist das Euer Erfolgsrezept. Wer fragt, führt. Schon in der Titelmusik der Sesamstraße heißt es »Wieso, weshalb, warum – wer nicht fragt, bleibt dumm!«

Ich möchte dieses Wort jetzt benutzen, um Ihnen eine Frage zu stellen, die mich derzeit wirklich bewegt:

Warum gab es in Deutschland zu Beginn der Impfkampagne gegen Corona eigentlich eine Debatte über Neid? Kann mir das mal jemand sagen? Im Frühjahr hörte ich dieses Wort in jeder Talkshow. Wir hatten eine Pandemie und eine echte Krise, gesellschaftlich, wirtschaftlich und kulturell. Aber als ein Impfstoff gefunden war, ging es wieder bergauf, und Deutschland ist, trotz allem Gemecker, recht gut durch diese Krise gekommen. Wäre das nicht ein Grund zur Freude gewesen?

Deutsche lieben Vorschriften. In der Pandemie habe ich die Deutschen als ein Volk kennengelernt, das sich freut, Regeln befolgen zu können. Wir haben mal eine Kolumne darüber geschrieben. Wenn einem in der Öffentlichkeit der Mund-Nasen-Schutz verrutscht ist, kann man sicher sein, schnell von aufmerksamen Mitbürgern darauf hingewiesen zu werden. In einer Pandemie ist diese Eigenschaft großartig, denn sie hält die Infektionsketten auf. Die vernünftigen und disziplinierten Deutschen waren wie geschaffen für die Pandemie. Aber die Phase der Lockerungen hat sie überfordert.

Früher habe ich Deutschland nicht als ein Land erlebt, in dem Neid eine besondere Rolle spielt. Vielleicht liegt das an den relativ geringen Einkommensunterschieden im Vergleich zu arabischen

Ländern. In Deutschland sind die Lebensverhältnisse für die meisten Menschen ähnlich, es gibt eine starke Einkommensmitte und vergleichsweise wenig ganz Arme oder ganz Reiche. Dafür sorgen das soziale Netz und das Steuersystem. Es bewahrt vor sozialem Unfrieden.

Warum dann beim Thema Impfen diese Debatte über Neid? Diese endlose Gerechtigkeitsdebatte! Warum freuten die Menschen sich nicht einfach, dass ein Licht am Ende des Tunnels sichtbar war?

Ein Mann, den ich in der Reha kennengelernt habe, meinte zu diesem Thema: »In Deutschland können wir nicht einigen mehr Freiheitsrechte geben als anderen, weil das gegen den Gleichheitsgrundsatz verstoßen würde.« Ich antwortete ihm: »Ja, in Deutschland haben alle die gleichen Rechte. Das ist unbestritten. Aber es ist doch auch klar, dass nicht alle Deutschen genau zeitgleich geimpft werden können. Geht ihr da nicht ein bisschen zu weit mit eurem Gerechtigkeitsempfinden?«

Es scheint für Euch Deutsche nur schwer erträglich, wenn mal nicht alle gleich sind. Das seid Ihr nicht gewohnt, es widerstrebt Euch zutiefst. Obwohl es ohnehin eine Illusion ist, dass alle gleich wären oder die gleichen Chancen hätten.

Ich sehe es durch meine syrische Brille: Ich habe mich gefreut, als nach der dritten Welle Restaurants und Läden wieder aufmachten. Als wir aus diesem endlosen Albtraum endlich wieder herauskamen. Als wir uns Stück für Stück die Normalität wieder zurückholten, durch Impfen, durch Vernunft und Rücksichtnahme und durch ein tolles Gesundheits- und Gesellschaftssystem.

Da auch ich lange auf meine erste Impfung warten musste, bin ich natürlich auch nicht vor Freude in die Luft gesprungen, wenn ich an einem Café vorbeigegangen bin, wo Leute im Freien ihr Bierchen tranken und ich mich nicht dazusetzen durfte. Aber ich konnte es ohne Neid akzeptieren, weil ich wusste, dass ich diese Freiheit auch bald zurückbekomme. Es gibt keine absolute Gleichheit und Gleichzeitigkeit unter Menschen, das ist lebensfremd. Vielleicht haben Araber das stärker verinnerlicht als Deutsche.

Mein Vorschlag: Macht doch einfach eine Vorschrift, ein Gesetz daraus, dass niemand neidisch sein darf. Dann werden sich alle Deutschen daran halten, und das Problem ist gelöst.

12. Mai 2021

Ein Deutscher, fünf Hobbys

In Deutschland wird man oft gefragt: Was sind deine Hobbys? Mehrzahl, wohlgemerkt. In Syrien würde man eine solche Frage, wenn überhaupt, höchstens Jugendlichen stellen. Niemals käme man auf die Idee, einen erwachsenen Menschen nach Hobbys zu fragen.

Ich würde auf diese Frage vielleicht antworten: »Fußball«, weil ich gerne Fußball im Fernsehen schaue. Vielleicht würde ein Bewohner des ländlichen Syriens auch mal antworten: »die Jagd«. Aber das wäre es dann auch schon gewesen. Normalerweise haben Syrer nämlich keine Hobbys.

In Deutschland dagegen bekommt man manchmal ein ganzes Aktivitäten-Bündel zur Antwort: Kanufahren, Modellbau, Handball, Lesen, Chorsingen, Radfahren, Wandern … Und diese Hobbys werden von Erwachsenen, manchmal sogar alten Menschen ausgeübt. Dies ist ein wesentlicher Unterschied zwischen Deutschland und Syrien.

Erwachsene Menschen in Syrien haben in ihrem Alltag mehr zwischenmenschlichen Kontakt, sie kommunizieren viel, halten sich viel außerhalb ihrer Wohnung auf. Deutsche dagegen haben in der Regel festgelegte Aktivitäten, mit denen sie ihre freie Zeit füllen. Und die üben sie diszipliniert und oft in einem festen Rhythmus aus. Typisch deutsch eben.

Würde Gerd nach seinen Hobbys gefragt werden, antwortete er: a cappella singen, Jugendaustausche organisieren, Basketball spielen, mit Holz bauen, manchmal auch Hüttenwandern und Zelten. Meine Freundin Gitta, die Schulleiterin im Ruhestand, würde unter anderem antworten, dass sie wöchentlich im Verein rudert. In ihrem Alter, jede Woche – was für eine Disziplin.

Ich frage mich, wie die Deutschen ihre ganzen Hobbys in ihrem Alltag unterbringen. Meine Frau und ich, mit unserer Arbeit, den Kindern und dem Haushalt, empfinden das Leben in Deutschland schon ohne Hobbys als sehr ausgefüllt, zuweilen sogar als richtig stressig. Wie schaffen es die Deutschen, die auch ihre Arbeit, Kinder und Haushalt haben, ihren Hobbys ausreichend Zeit und Muße einzuräumen?

Die Schulklasse unserer jüngeren Tochter Cilina macht nächsten Monat eine Kanutour auf der Wümme, auch die Eltern sind eingeladen. Da meine Frau und ich uns für eine solche Herausforderung als zu unerfahren einstuften, sagte ich zu Cilina: »Frag deine deutsche Oma.« Dieser Titel gehört unserer Freundin Gitta. Gitta sagte sofort zu. »Kein Problem!«

In Syrien hat uns mal meine Schwiegermutter in unserem Dorf besucht. Damals wohnte meine Schwägerin in unserer Nachbarschaft. Wir beschlossen, der Schwägerin gemeinsam einen Besuch abzustatten. Der kürzeste Weg zu ihrem Haus ging über einen Zaun, der circa 80 cm hoch ist. Sonst müsste man einen Umweg zur Haustür nehmen.

Meine Schwiegermutter hatte seit ihrer Jugend keinen Sport gemacht und war etwas mollig. Ich stellte ihr einen Stuhl vor diesen Zaun, damit sie hinübersteigen konnte. Dennoch war die Herausforderung zu groß, und sie stürzte auf der anderen Seite des Zaunes.

Sehen Sie den Unterschied? Meine deutsche Freundin Gitta ist deutlich älter als meine Schwiegermutter damals, aber für sie ist es überhaupt kein Problem, mit meiner zehnjährigen Tochter auf eine Kanutour zu gehen, inklusive Tragen des Kanus zur Einsetzstelle. Das ist doch erstaunlich!

Ja, ich weiß – es gibt auch unter euch Deutschen unsportliche alte Menschen. Aber eben deutlich weniger als in Syrien, und das liegt an eurem Hobbysport.

In den Osterferien wollten unsere Töchter ihr Freischwimmer- beziehungsweise Seepferdchen-Abzeichen machen. Ich fühlte mich etwas überfordert, meine Töchter dabei zu unterstützen. Mir mangelt es sowohl an der Erfahrung als auch an der Geduld. Raten Sie mal, mit wem unsere Töchter die Abzeichen letztendlich gemacht haben? Kein Problem für Gitta. »Mit Vergnügen!«

In Syrien würde man keine einzige Großmutter finden, die so etwas macht. Jetzt wollen unsere Töchter die nächsten Schwimmabzeichen bekommen. Ich denke, diesen Ehrgeiz haben sie auch von Gitta.

Wir hatten schon mal darüber geschrieben, dass ich seit meinem Herzinfarkt vor einem Jahr regelmäßig etwas laufe. Jedoch nur kürzere Strecken und mit Pausen. Dabei sehe ich oft eine nette, ältere Frau aus der Nachbarschaft, wenn ich loslaufe oder wiederkomme. Mitte März traf ich sie nach dem Laufen morgens vor ihrem Haus im Bademantel an. Sie sagte, sie wolle schwimmen gehen. Ich dachte, sie würde ins Schwimmbad fahren, und wünschte ihr viel Spaß dabei. Aber sie sagte, sie gehe in den Bullensee. Sie mache das regelmäßig. Wie bitte?

Der nahegelegene Bullensee hat Mitte März vielleicht eine Temperatur von fünf Grad Celsius, bei acht Grad Lufttemperatur. Ich war völlig fassungslos. Etwas benommen schlurfte ich frierend und erschöpft zu unserer Haustür weiter und führte Selbstgespräche: »Diese verrückten Deutschen! Sie treiben mich in den Wahnsinn.«

Zu Hause fragte ich meine Frau, ob sie heute im Bullensee baden würde, wenn ich ihr 100 00 Euro gäbe. Sie sagte: »Niemals!« Wenn ich meinen Freunden in Syrien auf alle heiligen Bücher schwören würde, dass in Deutschland eine ganz normale Rentnerin freiwillig und regelmäßig morgens in einem eiskalten See schwimmen geht, ohne großes Aufheben darum zu machen, würden sie mich für verrückt erklären.

Ich finde es schön, dass in Deutschland Hobbys und Sport zum Leben dazugehören und nicht beendet werden, nur weil man älter wird. Man kann sich dadurch länger jung fühlen. Meine drei Kilometer Jogging sind ein erster Schritt in diese Richtung. Vielleicht begleite ich meine Tochter doch noch auf der Kanutour. Gitta will mir zeigen, wie man ein Stechpaddel führt.

18. Juni 2022

Brüderlich mit Herz und Hand

Eigentlich laufen nur 22 Menschen einem Ball hinterher. Und doch bedeutet dieser Sport so viel mehr.

Wegen der Corona-Pandemie durften einige Zeit keine Zuschauer mehr zu Fußballspielen kommen. Über ein Jahr haben wir darauf gewartet, dass der Puls des Fußballs wieder in den Stadien zu spüren ist. Auch die Fußballstadien werden das schlagende Herz in ihrer Mitte vermisst haben. Wie lange haben wir uns nach der Begeisterung der Fans auf den Rängen gesehnt, ohne die ein Fußballspiel im Fernsehen irgendwie seltsam wirkt.

Zur nachgeholten Europameisterschaft 2021 hat dieses Herz wieder zu schlagen begonnen. Und fast im gleichen Moment hat eines dieser Herzen aufgehört zu schlagen. Der dänische Nationalspieler Christian Eriksen erlitt eine Herzattacke, und plötzlich war wieder Stille im Stadion. Viele haben geweint, andere haben Richtung Himmel geschaut. Leben und Tod rangen miteinander in einem riesigen Amphitheater vor den Augen der Welt. Was für ein dramatisches Schauspiel! Was für schreckliche 20 Minuten. Aber der Fußballgott am Kopenhagener Abendhimmel zeigte Erbarmen. Das Herz des Spielers und damit das Herz des Fußballs begann wieder zu schlagen. Das Leben kehrte zurück.

Auch unsere ältere Tochter Christina ist fußballbegeistert. Sie kickt selber gerne auf dem Schulhof mit ihren Klassenkameraden und verfolgte, wenn möglich, jedes Spiel der EM. Vor einem der Spiele sahen wir gemeinsam Spieler ihre Nationalhymne singen. Ich fragte meine Tochter, ob sie wüsste, was die Männer dort singen. Sie sagte, sie wisse es nicht. Sie konnte mit dem Begriff der Nationalhymne nichts anfangen. Auch als meine Schwester das Wort auf Arabisch sagte, verstand sie nicht, was wir meinten.

Offenbar hatten ihr vier Jahre Grundschule dieses Thema noch nicht nähergebracht, was mich ehrlich gesagt etwas verwunderte. Sie fragte, wofür man so eine Hymne braucht. Da meine Schwester und meine Mutter gerade zu Besuch waren, sangen wir alle zusammen die syrische Nationalhymne. Wir haben diese Hymne als Kinder eingeimpft bekommen, da sie jeden Morgen in der Schule gesungen werden musste. Meine Tochter interessierte sich jedoch nur mäßig für unsere Gesangseinlage.

Beim ersten Spiel der Deutschen gegen Frankreich erlaubte ich unserer Tochter (gegen den Willen meiner Frau) trotz der späten Uhrzeit, das Spiel im Fernsehen zu verfolgen. Ich wollte die Gelegenheit nutzen, bei ihr so etwas wie ein neues Nationalbewusstsein zu erzeugen. Leider verloren die Deutschen in einem zähen Kampf gegen das französische Abwehrbollwerk.

Am nächsten Tag sagte Christina: »Ich bin jetzt für Portugal.« Vielleicht sagte sie das, weil sie ein Fan von Cristiano Ronaldo ist. Und das liegt vielleicht wiederum daran, dass ich sie manchmal spaßeshalber »Cristiano« statt Christina nenne, wenn sie wieder auf dem Pausenhof Fußball gespielt hat. Dementsprechend war die Situation zwischen mir und Christina etwas angespannt, als die Deutschen gegen Portugal spielten. Vor dem Anpfiff sangen alle deutschen Spieler gemeinsam die Nationalhymne, die dritte Strophe des Deutschlandlieds. Auch der Trainerstab sang Arm in Arm am Spielfeldrand mit. Ich erkannte Parallelen zwischen diesem Lied und der deutschen Art, Fußball zu spielen.

Meine Tochter freute sich, als Ronaldo das erste Tor schoss. Ich ärgerte mich sehr. Zum einen über das Tor, zum anderen darüber, dass meine Tochter zu den Portugiesen hielt, obwohl wir seit sechs Jahren in Deutschland leben und den Schutz dieses Landes genießen. Dann kam Deutschland zurück und übernahm die Führung. Ich zappte kurz rüber auf einen arabischen Kanal. Der arabische Fernsehkommentator überschlug sich geradezu und rief »Wer sagt denn, dass die Maschine *(so nennen die Araber die deutsche Mannschaft)* nicht noch zurückkommen kann? Das ist der deutsche Stolz. Sie stehen immer wieder auf!« Der deutsche Kommentator hatte das deutlich nüchterner ausgedrückt.

Christina und auch ihr Idol Cristiano waren beide sehr enttäuscht. Ich sagte zu meiner Tochter: »Da siehst du, dass es nicht reicht, wenn eine Mannschaft einen Superstar hat. Gegen einen Gegner, der wirklich als Team spielt, hat selbst ein Ronaldo keine Chance.«

Im Spiel der deutschen Elf spiegelte sich die deutsche Nationalhymne, in der neben Recht und Freiheit (die für uns Flüchtlinge in diesem Land so wichtig sind) auch die »Einigkeit« besungen wird. Die deutsche Nationalmannschaft hat keine Superstars, keine Individualisten wie Messi oder Ronaldo, die alle anderen Mitspieler überstrahlen. Auch früher schon gab es bei den Deutschen keine Maradonas oder andere Fußball-Diven. Stattdessen gab es »elf Freunde«. Die deutsche Elf war und ist eine Mannschaft, die durch das Passspiel und den Zusammenhalt die Gegner in die Knie zwingt und die nach einem festen System spielt, an das sich alle halten. »Brüderlich mit Herz und Hand« – so gewinnen die Deutschen, und so sind sie viermal Weltmeister geworden.

»Okay, ich bin jetzt auch für Deutschland. Aber Cristiano Ronaldo bleibt mein Lieblingsspieler!«, sagte meine Tochter nach dem Spiel. Damit war auch ich zufrieden. In Anlehnung an eine Zeitungsschlagzeile schrieb Christina in unsere Familiengruppe: »Heute haben wir gebadet und Cristiano nassgemacht.«

23. Juli 2021

Akzeptiere Dein Nasib

Wenn Thomas Müller die Großchance im Spiel gegen England nicht vergeben hätte, wären wir in der Verlängerung und vielleicht im Elfmeterschießen gelandet, das wir, wie immer, gewonnen hätten. Hätte, hätte … Aber es ist eben nicht alles planbar, auch nicht für die Deutschen, die Großmeister der Planung. So flog Deutschland im Achtelfinale der EM 2021 aus dem Turnier.

Ich habe in dieser Woche lange nach der Übersetzung für ein Wort gesucht. Das arabische »Nasibak« wird im Wörterbuch übersetzt als »Schicksal«. Aber es heißt mehr als das. Es bedeutet ungefähr so viel wie »dein Teil vom Kuchen« oder »das dir zugeteilte Stück vom Leben«. Darauf, wie die Kuchenstücke zugeschnitten sind, hast du wenig Einfluss. Du musst es akzeptieren und damit umgehen, so die typisch arabische Sichtweise.

Ein Lied von Georg Wassouf sagt:

»Akzeptiere dein Nasib! Das ist dein Schicksal und der Teil, den du bekommen hast.«

Wenn man Syrer danach fragt, warum ihnen dieses oder jenes passiert ist, antworten sie oft schicksalsergeben: »Das war mein

Nasib.« Sie schreiben Unfälle, Begegnungen, Erfolge oder Misserfolge oft dieser Art von Fügung zu.

Aber glauben auch die Deutschen an Schicksal? Ich habe, seit ich in diesem Land lebe, selten einen Deutschen etwas sagen hören wie: »Dass ich diesen Verkehrsunfall hatte, war vorherbestimmt« oder »Dass ich Zahnarzt geworden bin, war mein Schicksal«. Das würde auch nicht wirklich zu Euch Deutschen passen. Was man dagegen häufiger von Euch hört: »Man muss sein Schicksal in die eigenen Hände nehmen.« Und hier finden wir einen echten kulturellen Unterschied zu vielen Syrern.

Wenn jemandem in Syrien etwas Negatives passiert, sagt man ihm oft: »Sei nicht traurig, vielleicht war es besser für dich.« Dahinter steckt folgender Gedanke: Stellen Sie sich vor, Sie leben in Damaskus und wollen morgens zur Arbeit fahren. Aber Ihr Auto springt nicht an, weil die Batterie leer ist. Sie ärgern sich, aber Ihre Frau sagt zu Ihnen: »Gräme dich nicht, vielleicht hättest du heute einen schrecklichen Autounfall erlitten, wie sie so häufig geschehen. Aber dein Schicksal hat dich davor bewahrt.«

Ich bin sicher, ein Deutscher hätte die leere Autobatterie eher darauf zurückgeführt, dass er das Licht am Vorabend angelassen hat. Und ein späterer Autounfall, der anderen passiert, hat nichts damit zu tun. Da hat man einfach Glück im Unglück. Für die Deutschen folgt das Leben keiner vorgegebenen Konstellation, sondern ist beeinflussbar.

Wenn ich mit dem arabischen Glauben an »Nasib« auf meinen Lebensweg schauen würde, fielen mir einige Stationen ein:

Als ich zum Studium nach Frankreich gegangen bin, habe ich zunächst auf Wunsch meiner Eltern Informatik studiert. Aber wegen meiner schlechten Leistungen bin ich schon im zweiten Semester ausgeschieden. Ich war sehr frustriert. Aber wäre das nicht passiert, hätte ich nie Literatur studiert und wäre später nie Hochschuldozent geworden. War das mein Nasib?

Zum Ende des Studiums in Frankreich hat mein Vermieter sofort den Zimmerschlüssel von mir zurückverlangt. Eigentlich hatte ich mit dem Gedanken gespielt, eventuell in Frankreich zu bleiben. Aber diese fordernde Geste meines Vermieters hat dazu geführt, dass ich sofort nach Syrien zurückgegangen bin. Letztlich war das genau richtig so.

Daheim in Syrien wurde ich zum Militärdienst eingezogen und im Libanon eingesetzt. Zunächst hatte ich keine Lust und fragte mich, was ich in diesem Land zu suchen hätte. Später jedoch freute ich mich, dass ich auf diese Weise die Gelegenheit hatte, unser Nachbarland kennenzulernen.

Hätte sich unsere Situation im syrischen Bürgerkrieg nicht immer weiter verschlechtert, wäre ich nie nach Europa gegangen. Eigentlich wollte ich wieder nach Frankreich, ich hatte sogar eine Zulassung zur Promotion dort. Aber in der französischen Botschaft in Beirut arbeitete eine Frau, die die Bearbeitung meines Visumsantrags bewusst behinderte. Nach viel Enttäuschung und Frustration darüber bekam ich von der deutschen Botschaft bereits nach einer Woche mein Visum. So bin ich mit meiner kleinen Familie in diesem Land gelandet, in dem ich mich vorher nie gesehen hatte und dessen Sprache ich nicht kannte.

Hätte ich hier in Deutschland nicht nach wenigen Monaten Elmar getroffen, hätte ich nicht anfangen können, als Lehrer zu arbeiten, und hätte auch Gerd nie getroffen, der mich als völlig Fremden auf einer Veranstaltung einfach ansprach. Dann hätten wir nie zusammen Basketball gespielt und gemeinsam Workshops gemacht und schließlich diese Kolumnen und unsere Bücher geschrieben.

Hätte ich meinen Herzinfarkt vor einigen Wochen nicht in Rotenburg, mit diesem riesigen Krankenhaus vor der Haustür, erlitten, sondern in meinem syrischen Heimatdorf, würde ich jetzt vielleicht nicht mehr leben. Und so weiter und so fort. War das alles mein Nasib?

Wir Syrer tendieren dazu, in solchen Fügungen unser Schicksal zu erkennen. Hätte ich dieses oder jenes nicht erlebt, dann wäre dies und das nicht geschehen. Die Deutschen sind da anders. Sie sagen stattdessen, frei nach Peer Steinbrück: »Wäre, wäre, Fahrradklingel!« … oder so ähnlich. Sie halten sich ungern in Konjunktiven auf, sind oft rationaler und realistischer als Araber. Bei den Deutschen gibt es zwar auch so etwas wie Schicksal, aber hier nimmt man es in die eigenen Hände. Man versucht möglichst viel zu planen, und wenn mal etwas dazwischenkommt, ist es eher Zufall, Glück oder Pech, aber keine Vorsehung.

Ich denke an die »beste aller möglichen Welten«, in der wir nach Leibnitz leben, und an Voltaires Satire auf diese Weltsicht in seinem »Candide«. Voltaire kritisiert den Optimismus und das kindliche Vertrauen in das Gute der Welt. Seine Novelle endet mit der Erkenntnis, dass ein unerschütterlicher Glaube daran, dass sich alles zum Guten wendet, nicht ausreicht, sondern dass man auch »in seinem Garten arbeiten muss«. Letzteres passt zu den Deutschen, finde ich: die Arbeit als Ausweg.

Auf meinem Weg zu den Deutschen komme ich stetig voran, und dieses Land prägt mich immer mehr. Wenn ich heute zurückblicke, kommt mir mein Leben nicht mehr nur wie eine Reihe von Fügungen vor. Stattdessen hatte ich doch oft auch selbst einen gewissen Einfluss darauf, was passiert: Nach dem Informatik-Fiasko habe ich mich schließlich selber für das Literaturstudium entschieden. Ich habe mich eigenständig entschlossen, nach Syrien zurückzukehren, Wohnungsschlüssel hin oder her. Ich habe meine Militärzeit im Libanon selber umgemünzt in eine Lehrstunde über Land und Leute. Ich habe bewusst den Entschluss gefasst, mich um ein Visum nach Deutschland zu bemühen, und habe hier aktiv jemanden wie Elmar gesucht. Durch meinen frühen Erwerb erster Deutschkenntnisse ist Gerd nicht gleich wieder weggegangen, sondern an meinem Tisch sitzen geblieben und hat sich mit mir unterhalten können. Es war nicht immer nur Schicksal, was mir widerfahren ist, sondern oft auch Folge meiner eigenen Fähigkeiten und Handlungen. Diese Sichtweise sickert immer mehr in mein Bewusstsein.

Es ist Teil des deutschen Lebensgefühls, dass man selber daran arbeiten kann, welches Kuchenstück man bekommt. »Jeder ist seines Glückes Schmied« – das stimmt zwar auch nicht immer, aber es kann einem Antriebskraft verleihen.

7. Juli 2021

Wir halten zusammen

Als Kind habe ich in der Schule ein syrisches Gedicht gelernt:

»Das Dach meines Hauses ist aus Metall
Und das Fundament ist aus Stein.
Wind und Regen – ihr könnt so stark sein, wie ihr wollt.«

Als ich die erschreckenden Bilder von der Überschwemmungskatastrophe im Westen Deutschlands sah, konnte ich mir kaum vorstellen, welche Naturgewalten dort gewirkt haben müssen, um den stabilen deutschen Häusern das Fundament wegzureißen.

In den folgenden Tagen habe ich verstanden, was der syrische Poet meinte, als er über das stabile Haus gedichtet hat. Er muss die Solidarität und Hilfsbereitschaft der Deutschen gemeint haben, die ein stabiles Fundament für ihre Gesellschaft bilden!

Anscheinend haben sich alle Menschen in den Überschwemmungsgebieten, alt und jung, stark und schwach, arm und reich, nicht lange in Verzweiflung und lautem Wehklagen gewälzt, sondern sofort angepackt, um Schlamm und Trümmer zu beseitigen. Baufirmen und Landwirte stellten ihre Geräte bereit, Feuerwehren und andere Hilfskräfte aus dem Rest der Republik kamen herbei, und die Menschen aus den nicht zerstörten Ortsteilen halfen den Leuten in den betroffenen Gebieten beim Aufräumen. Ohne Zögern und ohne dass sie darum gebeten werden mussten. In einer Reportage wurde gezeigt, wie Menschen in Düsseldorf wildfremde Menschen aus dem Krisengebiet in ihrer Wohnung aufnahmen; sie hatten sich über das Internet gefunden. Auch wenn das Ende des Zweiten Weltkriegs mit all seiner Zerstörung schon lange her ist, hat er Euch Deutschen diese Hilfsbereitschaft vielleicht doch als Erbe hinterlassen?

Als ich mit meiner Mutter die Bilder aus den Katastrophengebieten im Fernsehen sah, machte sie sich Sorgen um unser altes Haus, das wir in Syrien zurückgelassen haben. Es steht am Fuß eines Berges, und schon früher drückte nach starkem Regen im Winter manchmal das Wasser von unten gegen das Fundament und sorgte für einen nassen Fußboden und feuchte Wände. Meine Mutter grub dann immer einen kleinen Graben um das Haus, um das Wasser vom Hang abzuleiten. Die feuchten Flecken an den Wänden sahen manchmal aus wie Landkarten, und nachts fielen uns Kindern beim Schlafen Wassertropfen ins Gesicht.

Ich fragte meine Mutter, warum sie noch immer an dieses klapprige, schlecht isolierte Haus denke. Sie sagte, sie habe das Haus damals selber mit unserem Vater gebaut. Sie könnte eine Geschichte zu jedem einzelnen Stein dieses Hauses erzählen, zu jedem Baum im Garten und zu jedem Bild an der Wand. Meine Mutter sagte: »Auch wenn ich jetzt in Deutschland warm und sicher wohne, wie könnte ich dieses Haus, in dem so viel Herzblut steckt, jemals vergessen?«

Meine Tante in Syrien hatte auch ein Haus, das nur aus zwei Zimmern bestand, aber einen großen Garten hatte. Als sie alt war, wollten ihre Söhne das Haus abreißen und an der Stelle eine schöne Villa bauen. Aber meine Tante verbot es ihnen. Sie sagte: »Macht nach meinem Tod, was ihr wollt. Aber solange ich lebe, bleibt mein Häuschen stehen.« Schließlich baute jeder der Söhne jeweils rechts und links neben das Häuschen der Mutter eine Villa. Das sah zwar komisch aus, aber am Ende war jeder zufrieden.

Daran musste ich denken, als ich so viele Deutsche im Fernsehen sah, die ihre Häuser und alles, was darinnen und damit verbunden war, über Nacht verloren haben. Mir wurde bewusst, wie viele Erinnerungen der Menschen das Wasser mit sich fortgerissen hat. Wie groß muss ein solcher Verlust, wie stark der Schmerz sein. Vielleicht ist die Bindung der Deutschen an ihre Häuser sogar noch stärker als bei uns Arabern, die wir mehr Lebenszeit draußen auf der Straße verbringen.

Wenn jemand alles verloren hat außer seinem Leben, danken wir Araber dem Herrgott dafür, dass er überlebt hat. Wir sagen, dass jeder materielle Verlust weniger wichtig ist als das eigene Leben, denn dies ist das Einzige, was wirklich nicht ersetzbar ist. Viele Deutsche haben in der Hochwasserkatastrophe nun auch dies verloren.

Wir haben schon oft in unseren Texten über die Hilfsbereitschaft und Solidarität als Teil der deutschen Kultur geschrieben, zum Beispiel wenn es um das Sozialsystem, das starke Ehrenamt oder die Politik ging. Aber die Fernsehbilder der Hochwasserkatastrophe waren für mich ein noch stärkerer Beweis dieser deutschen Eigenart.

Was mich besonders gefreut hat: Ich habe damals viele Aufrufe von arabischen Zuwanderern in Deutschland in den sozialen Medien gelesen, die zu Spenden und Hilfeleistung aufgerufen haben. Tatsächlich sind viele Gruppen von Zuwanderern in die Krisengebiete gefahren und haben geholfen. Arabische YouTube-Videos mit Appellen zur Solidarität und Hilfe wurden oft geteilt und mit unendlich vielen Kommentaren versehen, die den Aufruf unterstützten. Der Tenor war: Hier können wir den Deutschen etwas zurückgeben, nachdem sie uns in ihre Gesellschaft aufgenommen haben. Gemeint war wohl auch: Wir empfinden uns jetzt als Teil dieser Gesellschaft! Das, was im Ahrtal geschehen ist, ist auch uns geschehen, also lasst uns mit anpacken. Offenbar haben sich schon viele Zuwanderer besser in dieses solidarische Deutschland integriert, als ich gedacht hätte.

24. Juli 2021

Das Hochamt der Demokratie

Der Tag, an dem wir diesen Text verfassen, ist der 3. Oktober, Tag der Deutschen Einheit und Erntedank. Zeit, auf die politische Ernte nach 16 Jahren Kanzlerschaft von Angela Merkel zu blicken und die deutsche Demokratie zu würdigen.

Meine ältere Tochter kam letztens etwas traurig von der Schule. Ich fragte sie nach dem Grund, sie sagte: »Klassensprecherwahl.« Sie wäre gerne Klassensprecherin geworden, bekam aber nur 12 Stimmen. Ein Schulfreund mit besseren Noten schnitt etwas besser ab. Ich sagte: »So ist das in Deutschland, man wird nicht einfach so gewählt. Du musst gut sein in der Schule, freundlich und hilfsbereit zu deinen Mitschülern und sie von deinen Qualitäten überzeugen, sonst verdienst du nicht, gewählt zu werden.« Um sie zu trösten, sagte ich: »Sei nicht traurig, der Job des Klassensprechers macht vielleicht auch nicht immer nur Spaß. Das Amt ist mit Verantwortung verbunden, zum Beispiel auf Klassenkonferenzen.« Das hat sie wieder etwas versöhnt, und letztendlich konnte sie gut damit leben, nicht gewählt worden zu sein.

Als im Lehrerkollegium meiner Schule kürzlich eine Personalvertretung gewählt wurde und auch ich zur Stimmabgabe aufgerufen war, wusste ich nichts mit diesem Recht anzufangen. Mein Gefühl war: »Wählt ihr mal, ich schließe mich der Mehrheit an.«

Mir war der Gedanke fremd, dass auch meine Stimme Gewicht haben würde. Viele der in Deutschland lebenden Araber sind es nicht gewohnt zu wählen. Dabei sind Wahlen doch ein so hohes demokratisches Gut, und bei den Deutschen durchziehen sie das gesamte Leben.

Ich bin nun 51 Jahre alt und habe noch nie in meinem Leben an einer richtigen Wahl teilgenommen. In vielen arabischen Ländern zählt die Stimme des Volkes nicht, das Wahlergebnis steht schon vor dem Wahltermin fest. Und in Deutschland lebe ich noch nicht lange genug, um hier das Wahlrecht zu besitzen. Aber ich darf meine Meinung haben und möchte Ihnen heute einen Blick durch meine syrische Brille anbieten.

Nach der Bundestagswahl fragte ich mich: Wer wird Deutschland in die Zukunft führen? Wer wird die Lücke füllen, die Angela Merkel hinterlässt? Bis kurz vor der Wahl wussten wir nicht, wer ihr nachfolgen wird, so knapp war das Rennen, so wenig war ein Nachfolger aus den eigenen Reihen der CDU aufgebaut worden. Und auch zwei Wochen nach der Wahl kennen wir noch immer nicht sicher den Namen des nächsten Bundeskanzlers.

Traditionell spielen in Deutschland, im Gegensatz zu vielen anderen Ländern, die Wahlprogramme immer eine große Rolle. Aber diesmal, so habe ich gehört, war es stärker als früher eine Persönlichkeitswahl. Nur wenige Deutsche dürften 2021 in der Lage gewesen sein zu erklären, wie sich SPD und CDU beim Klimaschutz unterscheiden. Oder welche Unterschiede die Steuerkonzepte von Grünen und SPD aufweisen. Zu den Personen Scholz, Laschet und Baerbock dagegen hatte jeder eine Meinung.

Wenn diese Annahmen richtig sind, dann hat die SPD die Wahl aufgrund der Persönlichkeitswerte von Herrn Scholz gewonnen. Ich vermeide den Begriff Charisma an dieser Stelle, weil weder Scholz noch Laschet hier besonders gepunktet haben. Angela Merkel war auch nicht unbedingt charismatisch. Persönlichkeit dagegen hatte sie schon. In der CDU fragte man sich nach der verlorenen Wahl, ob es ein Fehler war, nicht doch Söder oder

Merz auf den Schild gehoben zu haben. Diese hätten vielleicht mehr Charisma gehabt. Aber auch mehr Persönlichkeit?

Im arabischen Raum, sofern es dort überhaupt Demokratie gibt, sind die Menschen es bereits gewohnt, dass Wahlen fast ausschließlich nach Personen entschieden werden und nicht nach Wahlprogrammen. In Deutschland war das lange Zeit anders, die Parteien und ihre Inhalte hatten eine hohe Bindungskraft. Das scheint sich zu ändern. Vielleicht haben auch deshalb viele junge Menschen FDP oder Grüne gewählt, mit jugendlich und modern auftretenden Spitzenkandidaten.

Wenn man den Platz von Angela Merkel einnehmen möchte, ist dies eine große Herausforderung. Nach meiner Wahrnehmung hatte Scholz, vor allem in der Corona-Krise, eine große Nähe zur Bundeskanzlerin entwickelt. Er wirkte enger mit ihr verbündet als viele von Merkels Parteifreunden. Vielleicht hat die Stärke von Angela Merkel in dieser Zeit auf Scholz ausgestrahlt. Vielleicht hat er hier ein bisschen von ihrem Machtinstinkt, von ihrer Ruhe und Selbstsicherheit aufgenommen.

Mein arabischer Lieblingskommentator von Fußballspielen sagt immer: »Du musst den Ball lieben, eine Beziehung zu ihm aufbauen, ihn streicheln, damit der Ball öfter zu dir kommt als zu anderen.« Der Ball kommt auch deshalb ständig zu Ronaldo, weil dieser ihn gut behandelt. Der Ball bittet den Superstar geradezu: »Schieß mich doch ins Tor!« Vielleicht ist die Macht im Kanzleramt wie der Ball, und Scholz durfte schon eine Weile mit ihm trainieren. So hat das Kanzleramt ihn ausgesucht und zu ihm gefunden.

Neben dem Resultat hat mich auch der Prozess der Bundestagswahl fasziniert. Vielleicht fallen mir dabei Dinge auf, die für Euch Deutsche schon selbstverständlich geworden sind:

Die Prognosen waren wieder sehr präzise, das Ergebnis stand um 18 Uhr schon so gut wie fest. Der Ablauf der Wahl war sehr professionell und reibungslos (bis auf Berlin vielleicht). Jeder Wähler konnte sicher sein, dass seine Stimme wirklich zählt. Und das Ergebnis wird von kaum jemandem ernsthaft angezweifelt, im Gegensatz zum Beispiel zu Wahlen in den USA.

Persönliche Beleidigungen unter den Politikern waren sowohl vor der Bundestagswahl als auch danach nicht zu vernehmen. Auch das ist in manch anderen Ländern nicht immer so. Das Wahlergebnis zwingt zu Koalitionsverhandlungen und Kompromissen, es verpflichtet letztendlich zu einer Einigung über Parteigrenzen hinweg. Dies ist aus meiner Sicht eine besondere Stärke deutscher Politik, die Spaltung und Polarisierungen, wie etwa im britischen Wahlsystem, vermeidet. All dies ist für mich Ausdruck einer sehr hohen politischen Kultur. Eine zivilisatorische und demokratische Flughöhe, die man in der arabischen Welt leider nur selten findet.

Ich fragte Gerd nach der Wahl, ob es nicht vernünftig wäre, wieder eine große Koalition aus SPD und CDU zu bilden. Das hatte meiner Meinung nach lange gut geklappt. SPD und CDU müssten nur die Plätze tauschen. Außerdem hätte es eine gewisse Konstanz gesichert, welche die Deutschen doch so schätzen. Aber Gerd meinte, dazu werde es nicht kommen, weil die Deutschen nach so vielen Jahren großer Koalition nun etwas Neues wollten, einen Aufbruch. Er benutzte den Vergleich: »Wenn man wochenlang immer nur Eintopf isst, kommt es nicht mehr nur darauf an, wie gut der Eintopf ist. Dann hat man irgendwann einfach Lust auf ein Schnitzel mit Zitrone und Salat.« Diesen Vergleich konnte ich nicht nachvollziehen. Schließlich schmieren sich doch gerade die Deutschen ihr Leben lang zum Abendbrot die gleiche Butter auf das gleiche Brot, um die gleichen Wurstscheiben daraufzulegen. Warum wollten sie dann plötzlich etwas anderes? Aber ich bin erst seit sechs Jahren in diesem Land. Vielleicht dauert es noch ein bisschen, bis ich diese widersprüchliche deutsche Seele wirklich verstanden habe.

9. Oktober 2021

Verabschiedung

An fast jedem Tag, den ich in diesem Land verbringe, entdecke ich schöne Dinge, auch wenn es nur Kleinigkeiten sind. Das ist vielleicht mein Privileg. Ihr Deutschen bemerkt nicht mehr, was für Euch selbstverständlich ist. Und manche Zuwanderer bemerken bestimmte Sachen anscheinend auch nicht, weil sie sich zu wenig für dieses Land interessieren oder es ihnen an deutschen Kontakten mangelt. Eine dieser schönen kleinen Besonderheiten ist die Geste, mit der Ihr Deutschen Euch von Kollegen verabschiedet.

Eines der ersten, unvergesslichen Erlebnisse während meiner beruflichen Tätigkeit in Deutschland war die Verabschiedung eines Schulleiters. Die Gäste hatten sich zu diesem Anlass feierlich gekleidet, es wurden liebevolle Reden gehalten sowie Blumen und Geschenke überreicht. Der Schulleiter hatte schließlich Tränen in den Augen und ich eine Gänsehaut. Als mein Freund Elmar, ebenfalls als Schulleiter, in den Ruhestand gegangen ist, hat er seinerzeit eine Gartenbank bekommen. Noch heute denkt er stets an den Tag seiner Verabschiedung, wenn er diese Bank in seinem Garten sieht.

Nicht nur Schulleiter bekommen in diesem Land einen schönen Abschied. Auch wenn ein Lehrerkollege an meiner Schule in den Ruhestand geht, überlegen sich die anderen Kollegen oft ein Abschiedsgeschenk. Diese Geschenke können viel Symbolik enthalten, in Bezug auf die Hobbys des Ruheständlers, seine Vorlieben und Macken oder im Vorgriff auf seine Pläne für den Ruhestand. Da haben sich dann im Vorfeld Kollegen heimlich in ihrer Freizeit zusammengefunden, sich etwas überlegt und gebastelt oder getextet. Für mich als Zuwanderer ist so etwas völlig neu und drückt eine große Achtsamkeit und Wertschätzung aus. Auch wenn ein Lehrer an eine andere Schule wechselt, reagieren die Kollegen nicht etwa mit Unverständnis, sondern sammeln heimlich für ein Geschenk oder eine Aufmerksamkeit als Erinnerung. Diese Geste zeigt mir, wie eng das soziale Netz im Kollegium geflochten ist und wie warmherzig die Deutschen sein können. Das Klischee, welches ich immer weniger verstehe, besagt doch, ihr Deutschen wärt so unterkühlt?

Auch den täglichen Abschiedsgruß unter Kollegen: »Ich wünsche dir einen schönen Feierabend«, finde ich sehr nett. Der Gruß besagt: Man kann am Abend feiern, weil man sein Tagwerk erfolgreich beendet hat. Für die Deutschen ist das vielleicht nur eine Floskel. Aber im Arabischen gibt es eine solche Grußformel nicht, auch in vielen anderen Sprachen nicht.

Demnächst wechselt ein Französischlehrer von unserer Schule an eine andere. Er hat mich immer sehr unterstützt, durch Tipps und Hilfestellung auf meinem Weg zu einer Festanstellung. Ich bin sehr traurig, dass er geht. Da ich weiß, dass er musikalisch ist und gerne singt, habe ich ihm ein Lied geschenkt, das ein anderer Kollege auf dem Piano begleitet. Ich fühle mich noch etwas unsicher auf diesem Terrain und hoffe, es ist die passende Geste.

Für eine andere Kollegin, die nun in den Ruhestand geht, erstellen wir ein Video mit kurzen Statements von ehemaligen Schülern. Diese sind inzwischen selber erwachsen und haben zum Teil Kinder, können sich aber noch gut an die freundliche und engagierte Lehrerin aus ihrer Jugend erinnern.

Derlei Abschiedsgesten mögen für Euch Deutsche nichts

Besonderes sein. Ich als Syrer finde es bemerkenswert. Denn in meiner Heimat gibt es zum Ruhestand, wenn überhaupt, Veranstaltungen der Gewerkschaft. Diese Feiern finden meist für ganze Gruppen von Mitarbeitern statt, die in Rente gehen. Es gibt es kaum persönliche Abschiedsfeiern oder Aufmerksamkeiten der anderen Kollegen. Auch haben die zu verabschiedenden Personen in Syrien keine Gelegenheit, ihrerseits noch einmal Abschiedsworte an die Kollegen zu richten. Ruheständler in Syrien bekommen am Tag ihrer Pensionierung vielleicht zu Hause Besuch von der Familie, die ihnen gratuliert. Aber das war es dann auch.

Manchmal denke ich bei den deutschen Abschiedsfeiern an das Haus meiner Cousine in Schweden. Sie wohnt dort in einer Wohnanlage für Rentner, vor drei Jahren habe ich sie besucht. Sie hat einen Balkon mit Blick auf bewaldete Hügel, einen Flughafen und eine Bahnstrecke, die durch einen Tunnel führt. Was für ein interessanter Ausblick auf ein ständiges Kommen und Gehen, auf Abschied und Willkommen. Mein Aufenthalt in Deutschland ist für mich so schön wie der Ausblick auf diesem Balkon. Ich sehe Menschen kommen und weiterreisen. Manchmal ist es mit Wehmut verbunden, meist aber mit guten Gefühlen.

6. August 2021

Warum nicht Frankreich

Auf Lesungen werde ich oft gefragt, warum ich als Dozent für Französische Literatur im Jahr 2015 nach Deutschland ausgewandert bin und nicht nach Frankreich, wo ich keinerlei Sprachbarriere vorgefunden hätte. Selten ist die Zeit da, um die ausführliche Antwort zu geben. Es kam so:

Um einen Termin in der französischen Botschaft im Libanon zu bekommen, musste ich 2014 von Damaskus nach Beirut reisen, telefonisch ist das nicht möglich. Den Termin in der Botschaft bekommt man nicht direkt, sondern über eine »Firma«, die den Termin organisiert. Schnuppern Sie hier Korruption? Dann haben Sie eine gute Nase. Jedenfalls fuhr ich zunächst nach Beirut, um gegen Geld einen Termin mit der Terminvereinbarungsfirma wahrzunehmen. Draußen wartete bereits eine lange Menschenschlange, drinnen sichteten Mitarbeiter meine Papiere und konnten mir bereits für den nächsten Tag einen Termin in der französischen Botschaft organisieren.

Ich wollte nicht nach Frankreich ausreisen, um Asyl zu beantragen, sondern um meine Promotion an der Universität in Aix-en-Provence fertigzustellen. Von einem dortigen Professor für Französische Literatur lag mir eine Zusage vor. Die Schalter in der Botschaft, wo sich Studierende anstellen, nannten sich »Campus«. Normalerweise soll dort den Menschen Hilfestellung gegeben werden, um mit einem Studentenvisum nach Frankreich reisen zu können. So weit die Theorie.

Mein Dialog mit der Angestellten fand auf Französisch statt.

»Bonjour! Ich bin Hochschuldozent für Französische Literatur in Damaskus. Ich hätte gerne die Antragsunterlagen für ein Visum nach Frankreich, um dort zu promovieren.«

Die Angestellte zog eine Augenbraue hoch und sah mich herablassend an. »Und wie soll das gehen?«

»Ich habe eine Zusage von der Universität in Aix-en-Provence.«

»Da müssen Sie zunächst einen Sprachtest machen.«

Ich sprach die ganze Zeit in fließendem Französisch mit ihr, hatte sechs Jahre in Frankreich gelebt und viele Jahre Studenten in der französischen Sprache unterrichtet, aber das zählte nicht. Die Frau forderte nun einen teuren Sprachtest von mir, wie von Abiturienten, die zum ersten Mal nach Frankreich reisen wollen.

Ich: »Aber ich habe doch bereits eine Zusage und bin selber Französischdozent!«

Sie: »Na und?«

Ich konnte ihre Abneigung mit Händen greifen. Dann zeigte ich ihr mein DELF-Sprachdiplom, das ich damals an der Uni in Nancy abgelegt hatte. Sie war enttäuscht über ihre Niederlage, aber auch angestachelt. Ich fühlte mich wie ein Springreiter, der gerade sein erstes Hindernis übersprungen hatte.

»Dann zeigen Sie mir bitte die Zusage von Ihrem französischen Professor«

Ich legte das offiziell gestempelte Dokument von der Universität vor.

Sie sagte: »Die Frist dieser Zusage endete im September. Jetzt haben wir April. Sie können kein Visum von mir bekommen.«

Ich überlegte, was ich jetzt tun könnte; sie machte keine Anstalten, mir zu helfen.

Ich fragte sie, ob ich meinen Professor bitten könnte, seine Zusage zu verlängern. Sie sagte, dass das nur möglich sei, wenn ich ihr eine solche Bestätigung innerhalb der nächsten zwei Stunden vorlegte.

Mir blieb fast die Spucke weg angesichts dieser erneuten Schikane. Per E-Mail wäre dies sehr schwierig zu bewerkstelligen, weil ich keine Ahnung hatte, ob der Professor gerade in seinem Büro war und seine Mails lesen würde oder im Hörsaal oder im Urlaub.

Ich hatte jedoch einen Freund in Frankreich, der bei demselben Professor promovierte. Ich rief ihn an, erzählte ihm von der Forderung der Botschaftsangestellten und bat ihn, irgendwie telefonischen Kontakt mit dem Professor aufzunehmen.

Mein Freund machte das unverzüglich und erreichte zum Glück gleich meinen Professor. Dieser war sofort bereit, mir eine E-Mail zu schreiben mit dem Inhalt, dass ich »jederzeit«, also unbefristet, herzlich willkommen an der Universität von Aix-au-Provence sei. Mit der E-Mail auf meinem Handy stürmte ich wieder an den Schalter der Botschaftsangestellten.

Sie war schockiert und verärgert. Offenbar hatte sie nicht damit gerechnet, mich noch einmal wiederzusehen. Sie las die Mail und schüttelte den Kopf. Dann sagte sie: »Das geht so nicht. Ihr Professor müsste schon an mich persönlich schreiben, nicht an Sie!«

Da die Zwei-Stunden-Frist noch lief, spurtete ich wieder nach draußen und kontaktierte erneut meinen Freund. Ich schilderte ihm mein Anliegen, wobei es durchaus sein kann, dass ich den ein oder anderen Kraftausdruck benutzte. Mein Freund kontaktierte erneut meinen Professor, dieser wiederholte den ein oder anderen Kraftausdruck und schickte umgehend eine E-Mail an die französische Botschaftsangestellte persönlich mit dem oben beschriebenen Inhalt.

Ich trat erneut vor den Schalter und bat die Angestellte, ihr Postfach zu öffnen, um darin die E-Mail meines Professors mit der unbefristeten Zusage zu finden.

Sie ärgerte sich wieder, öffnete die Mail und musste zugeben, dass ihr nun eine korrekte Zusage eines französischen Hochschulprofessors vorlag. Ich hatte das vierte Hindernis auf dem Parcours übersprungen und versuchte, nicht daran zu denken, dass diese bockbeinige Angestellte eigentlich dazu da war, Antragsberechtigte zu unterstützen, statt zu schikanieren.

Sie blätterte danach lange in meinen Unterlagen und prüfte alle Dokumente, die ich im Original und in Kopie vorgelegt hatte. Dann nahm sie sich meinen Lebenslauf vor. Sie fragte mich, warum ich damals in Frankreich nach einem Semester mein Informatikstudium abgebrochen und anschließend zu Französischer Literatur gewechselt hätte. Warum ich nach dem Studium nach Syrien zurückgekehrt sei. Warum ich einen Master gemacht hätte. Warum ich in meinem Alter von 44 Jahren noch eine Promotion ablegen wollte. Ich hätte mich nicht gewundert, wenn sie als Nächstes gefragt hätte, warum ich ein kariertes Hemd und kein gestreiftes trug.

Sie suchte partout nach irgendeinem Grund, mir das Visum zu verweigern, fand aber keinen. Schließlich forderte sie mich auf, den Antrag auf ein Visum im Nebenraum auszufüllen. Während ich meine Daten in den Computer hackte, bemerkte ich einen kleinen Tumult auf dem Flur. Ich sah, wie eine Studentin ihre Unterlagen zerriss, in die Luft warf und schrie: »Ich möchte gar nicht mehr in Ihr bescheuertes Frankreich!!«

Nach einer Stunde war ich fertig und ging zurück zu der Angestellten. Sie schrieb daraufhin eine Empfehlung zu meinem Antrag, ein sogenanntes »Avis«, ohne mir dies zu zeigen.

»Jetzt müssten Sie zum nächsten Schalter gehen und die Gebühr von ca. 100 US-Dollar bezahlen. Aber ich empfehle Ihnen, das nicht zu tun. Es wäre Geldverschwendung.« In dem Moment war mir klar, dass ihr Avis eine negative Stellungnahme enthalten würde.

Ich bin ein positiver Mensch. Ich versuchte damals, die in mir aufkommenden Hassgefühle gegen eine offenbar rassistische Botschaftsangestellte zu unterdrücken. Im Libanon sind Syrer nicht besonders beliebt, was auch an der syrischen Militärpräsenz im Libanon liegt. Ich wurde Opfer dieses Ressentiments, einer Art

Kollektivschuld sowie einer Bürokratie, die Raum ließ für persönliche Vorurteile und Rassismus.

Ich wollte es trotzdem versuchen, bezahlte und reiste zurück nach Damaskus. Nach einer Woche fuhr ich erneut nach Beirut in die Botschaft und bekam dort statt eines Visums wie erwartet eine Absage. Mein Professor in Frankreich wartete vergeblich auf mich und war entrüstet. Es folgte ein Brief des Professors an den damaligen Ministerpräsidenten Hollande, der über das französische Außenministerium an die Botschaft in Beirut gelangte. Daraufhin bot man mir einen erneuten Termin in der Botschaft an, um ein Visum zu bekommen. Aber die deutsche Effizienz war schneller. Mein in Deutschland lebender Bruder hatte zwischenzeitlich eine eidesstattliche Versicherung für mich abgegeben, und innerhalb von zwei Wochen hatte ich ein deutsches Visum.

Jetzt, sieben Jahre später, verspüre ich keine Hassgefühle mehr. Die Botschaftsangestellte hat meine Auswanderung nach Frankreich behindert, aber dadurch auch meine Auswanderung nach Deutschland verursacht. Dafür bin ich ihr inzwischen dankbar, meine Familie und ich leben gerne in diesem Land. Natürlich gibt es auch in Deutschland Ungerechtigkeiten, und nicht jeder Verwaltungsangestellte ist frei von Vorurteilen. Aber grundsätzlich sind hier alle Menschen vor dem Gesetz gleich. Die Bürokratie in Deutschland ist manchmal überbordend, aber im Vergleich zu vielen anderen Ländern gerecht und effizient. In naher Zukunft werde ich hier die deutsche Staatsbürgerschaft beantragen, ohne Bakschisch und Schikane, sondern nach Recht und Gesetz.

19. August 2021

Hinter dem Steuer

Wer ist der bessere Autofahrer: der Mann oder die Frau? Bekanntermaßen halten sich Männer oft für die besseren Autofahrer und haben für »Frauen am Steuer« reichlich dumme Sprüche auf Lager.

Bei Halas Fahrstunden durfte ich manchmal auf dem Rücksitz mitfahren. Ich habe sie damals oft für ihren Fahrstil kritisiert und war ein ziemlicher Besserwisser. Einmal drehte sich der Fahrlehrer um und fragte mich genervt, wie lange ich denn schon meinen Führerschein hätte. Von da an war ich ruhig, denn ich besaß gar keinen.

Heute habe ich gelernt: Als Beifahrer ist es leicht, über den Fahrer zu meckern. Aber wenn man selber hinter dem Steuer sitzt, sieht die Sache ganz anders aus. Mittlerweile habe ich zwar einen Führerschein, sitze aber immer noch oft auf dem Beifahrersitz. Hala fährt eindeutig besser als ich. Und wenn ich mal selbst fahre, bemerke ich, dass sie auch die bessere Beifahrerin ist. Sie kritisiert mich nicht ständig, sondern bietet mir, wenn überhaupt, freundliche Hinweise an.

Ich erinnere mich noch gut an meine Führerscheinprüfung. Die theoretische Prüfung kann man in Deutschland mittlerweile auch in seiner Muttersprache ablegen, wie Hala es gemacht hatte. Ich dagegen hatte mich schon zu Beginn dafür entschieden, den

Test auf Deutsch abzulegen. Ich sah es als eine attraktive Herausforderung an. Fast ein Jahr lang habe ich gebüffelt, während meine Frau nur zwei Monate Vorbereitungszeit brauchte und ohne Fehler ihre Prüfung bestand.

Meine Kinder sahen mir beim Lernen manchmal über die Schulter und bemerkten, wie oft ich Fehler machte. Sie hatten viele Verkehrsregeln und Schilder schon in der Grundschule kennengelernt. Auch bei den Probetests im Internet bin ich meistens durchgefallen. Ich kam mir vor wie ein schlechter Schüler.

Die theoretische Prüfung legte ich schließlich in einer Gruppe von zehn Personen an einem Bildschirm in der Fahrschule ab. Ich saß zwischen lauter deutschen Jugendlichen. Links von mir saß eine 16-jährige Blonde, die noch schnell eine Nachricht an eine Freundin ins Handy tickerte, rechts von mir ein 17-jähriger Junge, der sich entspannt zurücklehnte und gelangweilt seine Stecker aus den Ohren zog. Dann ging es los. Mir wurde heiß und kalt. Bis ich die erste Frage überhaupt gelesen und verstanden hatte, hatten meine Sitznachbarn schon die ersten 20 Häkchen gesetzt. Ich war frustriert und geriet schrecklich unter Druck. Unten vor der Tür wartete meine Frau. Was würde sie sagen, wenn ich durchfiele? Der ganze Raum war vom Geräusch der Mausklicks erfüllt, während ich verzweifelt versuchte, die nächste Frage zu verstehen. Schon nach wenigen Minuten waren die Ersten fertig, da hatte ich erst drei Häkchen gesetzt. Mein Hemd war durchgeschwitzt, und ich wurde etwas zittrig. Nach etwa einer halben Stunde war auch ich fertig, inzwischen saß ich alleine im Raum. Ich hatte drei Fehler, aber bestanden. Bei vier Fehlern wäre ich durchgefallen.

Bei den praktischen Fahrstunden habe ich mich stets gerne unterhalten, das Fahren dagegen fiel mir schwer. Ich diskutierte viel mit meinem Fahrlehrer, warum hier rechts vor links gelte, obwohl nie jemand aus dieser Straße komme, warum ich bremsen sollte und nicht der andere, und so weiter. Ich verstand nicht, warum ich Rücksicht nehmen sollte, wenn ich doch im Recht war. Hier bemerkte ich einen weiteren Unterschied zu meiner Frau. Sie hatte nie über andere Autofahrer geschimpft, auch wenn sie im Recht war. Mein Fahrlehrer brachte mir also bei, rücksichtsvoll und vorsichtig zu fahren. Man könnte auch sagen: … feminin zu fahren. Damit produziert man weniger Adrenalin, fährt sicherer und schont die Neven.

Früher hielten Männer die Frauen für nicht in der Lage, Auto zu fahren. Sie hielten Frauen auch für nicht in der Lage, politische Ämter zu bekleiden. Beides hat sich zum Glück geändert. Ich fühle mich sicherer, wenn eine Frau am Steuer sitzt. Das gilt in unserem kleinen Golf wie auch in der Politik.

Angela Merkel saß 16 Jahre auf dem Fahrersitz, ihr folgte ein Mann, der nun die Bundesregierung steuert. Sie wurde in ihrer Amtszeit viel kritisiert, besonders von männlichen Beifahrern, obwohl sie den Wagen stets sicher gelenkt, viele Schlaglöcher umfahren und manchmal den Karren wieder aus dem Dreck gezogen hat. Gelegentlich ist sie auch nur auf Sicht gefahren, wofür sie viel Kritik einstecken musste. Aber bei Nebel ist diese Strategie besser, als einfach draufloszudüsen. Man hatte vielleicht nicht immer das Gefühl, in einem besonders schnellen oder schicken Sportwagen zu sitzen, aber man konnte darauf vertrauen, sicher ins Ziel zu kommen, weil der Wagen mit viel Umsicht und Erfahrung gelenkt wurde. Und vielleicht sollten wir uns bei Merkels Nachfolger gelegentlich daran erinnern, dass meckern von der Seite immer viel einfacher ist, als selbst Verantwortung zu tragen.

4. September 2021

Hundert Kolumnen und sieben Brücken

Als ich vorschlug, unsere hundertste Kolumne über die besondere Bedeutung von Zahlen in der syrischen Sprache und Musik zu schreiben, spielte Gerd mir das Lied »Über sieben Brücken musst du gehen« von Karat vor. Eine Analogie auf mein Leben, auf uns zwei, auf alles.

Am 24. September 2018 erschien unser erster Text bei SPIEGEL+, dann wöchentlich weitere Texte und später alle zwei Wochen. Damals hätten wir uns nicht träumen lassen, dass wir insgesamt so viele Kolumnen schreiben würden. Wir dachten, nach einer Handvoll Texte wäre sicher Schluss, doch es ging immer weiter. Weil mein Leben in diesem Land weiterging, weil unsere Freundschaft hielt, weil die Leser uns die Treue hielten. Nachdem die ersten 59 Texte in einem Buch erschienen waren, dachten wir, wir hätten nun keine Lust mehr, und verabschiedeten uns im März 2020 von den Lesern. Aber wir irrten uns, wir hatten durchaus noch Lust, und ich hatte auch noch viele Ideen, was Gerd jedes Mal aufs Neue faszinierte.

Seit mittlerweile drei Jahren treffen wir uns sonntagmorgens um zehn Uhr, um Texte zu entwerfen. Wir haben hundertmal auf dem grünen Sofa in unserem Wohnzimmer Platz genommen, meine liebe Frau Hala hat uns zweihundert Tassen Kaffee gebracht. Hundertmal ist ein Text abends von Gerd in der Korrekturschleife zu mir geschickt worden und anschließend an die zuständigen Redakteure beim SPIEGEL. Inzwischen haben wir dort fünf verschiedene Ansprechpartner verschlissen. Und so viel mehr ist passiert: 8 Sprachprüfungen, 2 Bücher, 2 Einschulungen, 2 Führerscheine, 1 Herzinfarkt und über 1000 Leserbriefe und Kommentare von unseren Lesern.

Heute sagen wir Ihnen mit einer arabischen Redensart: »Hundert Willkommen!« Im syrischen Dialekt der arabischen Sprache haben Zahlen nämlich eine große Bedeutung. Wir sagen nicht »Herzlichen Glückwunsch«, sondern »1000 Gratulationen«. Wenn wir sauer auf jemanden sind, sagen wir: »Er kann 60-mal zur Hölle fahren!«, eine besonders starke Beleidigung ist »Sohn von 60 Hunden!«. Ein gängiges Kompliment dagegen ist: »10 von 10 (Punkten)«. Wenn jemand vorsichtig sein soll, ermahnen wir ihn, seine Augen im Faktor »10 von 10« offen zu halten. Die 2 wird oft als Übertreibung genutzt, wenn man sich ärgert: Wenn ich lange auf jemanden gewartet habe, sage ich »Seit zwei Stunden warte ich«. Wenn ich dagegen lange etwas gesucht habe, ohne es zu finden, sage ich: »Ich habe sieben Runden gedreht« oder »Mir ist vom Suchen siebenmal schwindelig geworden«. Wenn jemand so tief schläft, dass man ihn nicht wecken kann, schläft er den »siebten Schlaf«. Eine Gemeinsamkeit zwischen der deutschen und der arabischen Sprache ist der Ausdruck, jemand sei »im siebten Himmel«. Und die 13 gilt in beiden Kulturen als Unglückszahl.

Unsere dreizehnte Kolumne handelte damals vom Weihnachtsfest in Syrien und in Deutschland. Später haben wir über Handys, Fahrräder und Autos geschrieben, über Schule, Arbeit, Heirat und Tod, über Bahnhöfe, Zeitvorstellungen, Nähe und Distanz und über die deutsche Gemütlichkeit. Über Ärzte, Fernsehen, Begrüßungen, Partys, Lautstärke, Spontaneität und Toleranz. Über Lieder, Sparsamkeit, Essen und Fußball, über Kinder, Kleider, Urlaub und über das Lesen. Über Führerscheine, Naturschutz, Busfahrten und Datenschutz. Wir haben viermal über Corona geschrieben, noch öfter über die Liebe, aber fast nie über Religion oder Politik. Irgendwie ging es meistens um kulturelle Unterschiede zwischen meiner syrischen Heimat und Deutschland, und dieses Thema ist noch längst nicht erschöpft.

Wir hätten all diese Texte nicht schreiben können ohne die Wertschätzung von unseren Lesern, die in den vielen Kommentaren und Leserbriefen zum Ausdruck gekommen ist. Inzwischen haben wir dadurch eine virtuelle Freundschaft mit unseren Followern aufgebaut. Einige Namen tauchen regelmäßig in den Kommentaren auf, andere sind nur sporadische Besucher. Manchmal drücken die Kommentare aus, dass wir die Herzen unserer Leser erreicht haben. Andere Kommentare geben uns hilfreiche Anregungen, wenn wir zu oberflächlich oder einseitig waren. Und regelmäßig kommen auch die ein oder zwei unsachlichen und sehr negativen Kommentare, an die wir uns schon gewöhnt haben.

Wir wissen nicht genau, warum die Leser das Interesse an unseren Kolumnen noch nicht verloren haben. Unser Gefühl sagt, dass es der Blick von außen auf die deutsche Gesellschaft ist, der Perspektivwechsel, der manche unserer Geschichten lesenswert macht. Vielleicht ist es aber auch die Wertschätzung für dieses Land, die in den Texten durchklingt und die für viele Leser gleichzeitig ungewohnt und angenehm ist? Oder die Sehnsucht nach dem Beweis, dass es auch gut integrierte Syrer in Deutschland gibt, wobei es dafür ja auch zahllose andere Beispiele gäbe? Wir wissen es nicht.

Manchmal sehen Gerd und ich uns wie zwei Sportler in einem Team und sprechen über unsere unterschiedlichen Rollen. Ich bin der Stürmer, der die Tore schießt und viel Anerkennung bekommt. Gerd ist der Verteidiger, der kaum wahrgenommen wird. Aber ohne eine gute Verteidigung könnten wir kein Spiel gewinnen, nur zusammen sind wir stark. Die Inhalte unserer Texte werden oft nur mir zugeschrieben, dabei liefert auch Gerd viele inhaltliche Beiträge. Wir haben keinen Trainer, wir müssen uns gegenseitig coachen. Die Motivation für jedes neue Spiel bekommen wir von den Zuschauern auf den Rängen. Und manchmal fühlen wir uns auch ein bisschen als Teil des großen FC SPIEGEL, für den wir hundertmal auf dem Rasen standen.

In einem bekannten syrischen Lied sagt die Sängerin zu ihrem Geliebten:

»Meine Liebe ist so groß wie die Zahl aller Buchstaben der Namen von allen Verliebten auf der Welt! Meine Liebe ist so groß wie die Zahl der Sekunden eines Jahres. Meine Liebe ist so groß wie die Zahl aller Sorgen aller Menschen auf der Welt.«

Solche typisch arabischen Übertreibungen sind in der deutschen Musik selten.

Nachdem ich Gerd das Lied auf meinem Handy vorgespielt hatte, klickte er auf Spotify das Stück »Über sieben Brücken« von der Band Karat an. Nicht nur als Beleg dafür, dass Zahlen auch in der deutschen Musik eine Rolle spielen, sondern weil er beim Hören des Stückes jedes Mal eine Gänsehaut bekommt. Ich mochte das Lied sofort, denn auch mir kommen viele Stationen in meinem Leben wie Brücken vor, über die ich gehen musste, bevor ich »einmal auch ein heller Schein« war. Die Zeit des Ankommens in diesem Land und meine Bemühungen, die deutsche Sprache zu lernen, bevor ich Dozent, Lehrer und Autor werden konnte. All die Jahre, in denen ich mit dem Fahrrad oder Zug zur Arbeit gefahren bin, bevor ich kürzlich zum ersten Mal das Auto nehmen konnte. Die Missverständnisse zwischen Gerd und mir, bevor wir wieder zusammengefunden haben. Der Herzinfarkt. Manchmal schien die Uhr des Lebens stillzustehen, manchmal schien ich immer nur im Kreis zu gehen. Und so manches Mal war ich von Fernweh krank oder saß still auf einer Bank. Heute gibt es mir Ruhe, Kraft und Zuversicht, über sieben Brücken gegangen zu sein.

22. September 2021

Ich habe verstanden

Ich habe in unseren Texten in den letzten Jahren viele Fragen gestellt, warum die Deutschen dieses oder jenes tun oder denken. Nun jedoch, nach sechs Jahren in diesem Land, sage ich: Entschuldigung, jetzt habe ich verstanden!

Tacitus beschrieb das Volk östlich des Rheins vor 2000 Jahren als tapfere und trinkfreudige Wilde, die im Kampf furchtlos und in der Ehe treu sind. Dabei hatte er selbst den Rhein nie überschritten. Ich dagegen wohne nun schon eine ganze Weile im kalten Germanien und spüre für viele Eigenheiten der Ureinwohner inzwischen Verständnis. Und an mancher Stelle wurde Verwunderung durch Bewunderung ersetzt.

In unserem allerersten Text habe ich vor drei Jahren beschrieben, wie unser Nachbar beim Abholen eines Pakets, das wir für ihn angenommen hatten, sehr einsilbig und kurz angebunden war. Seine einzigen Worte waren »Danke« und »Tschüs«, und der von mir erwartete Small Talk blieb aus, was mich sehr frustrierte. Heute habe ich Verständnis für diese Situation. Das Leben der Deutschen ist so eng getaktet und verplant, dass nicht immer Zeit für einen Plausch unter Nachbarn ist.

Anfangs wunderte ich mich auch über den ständigen Wunsch der Deutschen nach Ruhe, zum Beispiel in unserem Mehrfamilienhaus. Nun kann ich das gut verstehen. Das Leben in Deutschland ist so stressig, dass man zum Feierabend ein wenig Ruhe braucht.

Früher war ich erstaunt, dass die Deutschen so wenig Wert auf das Essen und das Kochen legen. Wir Araber stehen manchmal ganze Tage in der Küche. Nun jedoch verstehe ich, dass man bei so vielen Verpflichtungen und Terminen nur wenig Zeit für die Essenszubereitung hat. Inzwischen arbeiten auch meine Frau und ich nicht mehr, um zu essen, wie es typisch für Araber ist. Wir essen, um Kraft für die Arbeit zu haben, wie die Deutschen.

Ich habe heute auch mehr Verständnis für ein direktes »Ja« und ein direktes »Nein«, das so typisch ist für die Deutschen und mich oft in Verwirrung gestürzt hatte. Es wirkte auf mich manchmal sehr trocken, wir Araber kommunizieren ja eher blumig und indirekt. Die Deutschen sind da direkter, was viel effizienter ist. Ich rede inzwischen auch so.

Beim Arzt verstehe ich mittlerweile, warum er unmittelbar nach dem Grund meines Besuches fragt und nicht mehr Zeit für meine ausführlichen Erläuterungen hat. Er möchte auf den Punkt kommen, Zeit ist schließlich Geld. Dafür habe ich jetzt Verständnis.

Ich habe auch verstanden, warum der Urlaub so wichtig ist für viele Deutsche, warum sie ihn so lange im Voraus planen und warum sie meist schon zu Beginn der Ferien in den Urlaub aufbrechen. Bei einem so anstrengenden Arbeitsleben ist Erholung unheimlich wichtig, ich spüre das jetzt auch. Seit ich eine Vollzeitstelle habe und darüber hinaus eine pädagogische Ausbildung mache, habe ich schon nach wenigen Monaten das Gefühl, ich bräuchte ein ganzes Sabbatjahr, um mich zu erholen.

Wenn ich früher Bekannte gefragt habe, ob sie Zeit für einen Kaffee haben (was man in der arabischen Kultur IMMER hat!), hat mein deutsches Gegenüber meistens erst in seinen Kalender geschaut, wann er Zeit hätte. Ich habe dann manchmal die Augen verdreht, es ging mir doch nur um ein bisschen spontane Kommunikation bei einem Käffchen. Ich entschuldige mich jetzt dafür, denn ich verstehe das nun vollkommen, da auch ich stets eng getaktet bin.

Ich habe kritisiert, dass die Deutschen einem beim Sprechen immer so in die Augen starren. Dieser Blickkontakt hat mich immer sehr angestrengt. Aber inzwischen habe ich das begriffen und schaue den Menschen auch ausdauernd in die Augen, wenn ich mich mit ihnen unterhalte. Es hat damit zu tun, dass man sich hundertprozentig auf das Gespräch konzentriert, ganz beim Gegenüber ist und sich nicht ablenken lässt. Monotasking statt Multitasking, wie aufmerksam!

Wenn ich in Deutschland alte Menschen gesehen habe, die Sport treiben, habe ich früher oft geschmunzelt. Inzwischen, viele graue Haare und einen Herzinfarkt später, verstehe und bewundere ich das. Mittlerweile gehe ich selber täglich eine halbe Stunde laufen, wie ein Deutscher, selbst wenn ich keine Lust dazu habe. Ich denke dann manchmal: Ein Deutscher ist stärker als sein innerer Schweinehund.

Als ich ein Kind war, haben meine Eltern mir oft das Sprichwort gesagt: »Das Wort ›Wünschen‹ allein wird niemals ein Haus bauen.« Oder: »Wer sein Ziel erreichen möchte, muss auch bis in die Nacht lernen.« Als ich in Deutschland das erste Mal die Redewendung hörte: »Hätte, hätte, Fahrradkette«, fühlte ich mich an diese Merksätze meiner Kindheit erinnert. Nur durch Schicksal, Wünschen und Hoffen wird kein Haus gebaut und auch kein Buch geschrieben. Man ist seines eigenen Glückes Schmied und muss etwas tun für sein Vorankommen. Auch das habe ich durch mein Leben in Deutschland stärker verinnerlicht als früher in Syrien.

Durch diesen Lernprozess kann ich nicht nur die deutsche Gesellschaft besser verstehen, sondern auch meine arabische Prägung besser reflektieren. Jedem Anfang wohnt ein Zauber inne. Meinem Anfang in Deutschland wohnte der Zauber inne, Dinge zu verstehen, die mir anfangs so unglaublich fremd waren. Und viele der »typisch deutschen« Eigenheiten sind, nolens volens, nun auch ein Teil von mir geworden. So fühlt sich wohl Integration an.

8. November 2021

Ausflug in den Süden

Die meisten Menschen halten ihre Heimat für einen besonders schönen Flecken Erde. Früher dachte ich das über Syrien, heute denke ich so über Norddeutschland. Ich habe in meinem Leben immer im Norden gelebt: Im nördlichen Teil meines syrischen Heimatdorfes, im französischen Nancy und jetzt in Niedersachsen. Aber was ist der Unterschied zwischen Norden und Süden?

Bei Diskussionen mit meiner Frau, die aus demselben Ort stammt wie ich, ist das Thema Nord und Süd heikel. Wenn wir diskutieren, endet das oft in abfälligen Bemerkungen über die arrogante Art der Menschen aus dem nördlichen Neubaugebiet, aus dem ich komme, oder über die altmodischen Einstellungen der Menschen aus dem Ortskern im Südosten. Dort steht das Elternhaus meiner Frau.

Auch zwischen dem Norden und dem Süden Deutschlands soll es Gegensätze geben. Über Süddeutschland hatte ich schon viel gehört, es aber selbst nur bis zum Saarland bzw. bis Heidelberg gebracht, wo Gerd und ich zu Lesungen und Workshops eingeladen waren. Weiter südlich war ich in Deutschland bisher noch nie. In der vergangenen Woche änderte sich das, als ich zu einer Podiumsdiskussion ins oberbayrische Tutzing eingeladen war. Eine gute Gelegenheit, erste Eindrücke zu sammeln.

In Syrien sind die Leute aus dem Süden bekannt für ihre Gastfreundschaft und für ihren Dialekt. Sie gelten gleichwohl als sehr empfindlich gegenüber Kritik. Ich hoffe, das ist bei den Bayern nicht so. Auch sie sprechen einen merkwürdigen Dialekt, den man als Ausländer nicht sofort versteht – und als Deutscher wohl auch nicht immer.

Nach acht Stunden Zugfahrt kam ich vergangenen Freitag um 23 Uhr in Tutzing an. Die 20 Minuten vom Bahnhof zu meiner Unterkunft ging ich zu Fuß. Auf diesem Weg habe ich keinen einzigen Menschen auf der Straße getroffen, was mich sehr enttäuschte. Wenn ich mich in Rotenburg manchmal darüber beschwert habe, dass hier abends die Bürgersteige hochgeklappt werden, sagten Freunde zu mir: »Tja, Samer, das ist Norddeutschland. Im Süden sind die Leute anders. Da ist mehr Leben auf den Straßen.« Irgendwie hatte ich deshalb wohl in meinem Unterbewusstsein die abwegige Erwartung, die Leute in Bayern würden freitagnachts auf den Straßen tanzen. Ich hatte nicht bedacht, dass Tutzing sogar noch kleiner ist als Rotenburg (Wümme) und dass die Corona-Inzidenzen in Bayern noch höher waren als in Niedersachsen.

Am nächsten Tag erlebte ich eine kurzweilige Diskussionsveranstaltung mit vielen interessanten Menschen, die mich manchmal fragten, wo ich lebe. Wenn ich »Rotenburg« antwortete, verorteten die Leute meine Wahlheimat zunächst an der Tauber, nicht in der norddeutschen Provinz. Ich wusste bis dahin nicht, wie viele Rotenburgs es in Deutschland gibt. Nachdem mir dieses Missverständnis aufgefallen war, ergänzte ich regelmäßig »… an der Wümme, zwischen Bremen und Hamburg«. Damit war klar: Ich war hier doppelt fremd.

Am nächsten Tag fuhr ich nach München und unternahm dort eine Stadtrundfahrt in einem Touristenbus. Ich sah viele beeindruckende Gebäude, Museen und Kirchen. Was München jedoch fehlte, war ein großer Fluss, wie er meiner Meinung nach zu jeder Großstadt gehört. So kannte ich es aus Bremen, Hamburg und

Paris. Vielleicht liegt es am immensen Bierkonsum der Bayern, dass die Isar so wenig Wasser führt?

Gerd sagte mir im Vorfeld meiner Reise, ich solle in München nach Möglichkeit in einen Bierkeller von einer der sechs Münchener Traditionsbrauereien gehen, um ein wenig Atmosphäre zu erleben. Leider hatte ich weder das Zeitfenster noch die Begleitung für eine solche Eskapade. Aber am Bahnhof in München lernte ich etwas über kulturelle Unterschiede beim Biertrinken, als ich auf der Rückfahrt lange auf meinen Zug warten musste.

Ich mag Bahnhöfe, sie sind die großen Theaterbühnen des Lebens. In München gab es dort eine Bar, in deren Umfeld einige gut gekleidete Männer standen, die Bier tranken. Sie tranken stundenlang eine Flasche nach der anderen, unterhielten sich auf Bayrisch und lachten viel. Sie freuten sich über das Bier in ihren großen Flaschen, wie sich meine Tochter über ein Glas Nutella freut. An den Tischen saßen Leute, die mit dem Kellner flachsten und halbe oder ganze Liter aus riesigen Gläsern tranken. Dieses Klischee stimmte also tatsächlich. Ich wundere mich sowieso regelmäßig, wie viel Bier die Deutschen trinken können. Während meines kurzen München-Aufenthalts wuchs dieses Erstaunen noch. Haben die Bayern größere Blasen als die Norddeutschen?

Natürlich ist mir klar, dass man von ein paar Minuten im nächtlichen Tutzing ebenso wenig auf den Rest Süddeutschlands schließen kann wie von ein paar Stunden auf dem Münchner Bahnhof. Für mich als Ausländer waren diese Momente aber etwas Besonderes. Ich sog jeden neuen Eindruck begierig auf und achtete auf Unterschiede zum Leben in Norddeutschland. Ich beschloss, irgendwann noch mal mit mehr Zeit den Süden Deutschlands zu bereisen, um die Menschen in diesem Landesteil besser kennenzulernen und weitere Erfahrungen zu sammeln.

Als ich am Abend wieder in Rotenburg (Wümme) ankam, blies mir auf dem Bahnhof eine kalte Brise Nordseeluft um die Nase. Es war kalt, aber ich war zufrieden. Nach sechs Jahren in Deutschland merkte ich, dass sich dieses Rotenburg für mich inzwischen stärker wie Heimat anfühlt als Syrien. Ich bin anscheinend schon ein halber »Fischkopp« geworden.

Als ich den Bahnsteig entlangging, dachte ich an das Lied »Liebst du auch den rauen Wind« von Dirk Busch:

»Liebst du auch den rauen Wind
Wenn er schön von vorne bläst
Magst du die Menschen, die hier sind
So ehrlich und echt, so rau wie der Wind.«

20. November 2021

Omikron

Dem Wunsch unseres Redakteurs beim SPIEGEL nach Aktualität folgend haben wir eine Kolumne über Omikron geschrieben. Also die »Zeit mit Großmutter«, wenn meine Griechisch-Kenntnisse noch nicht völlig eingerostet sind.

Heute gibt es, in Deutschland noch mehr als in Syrien, viele moderne Großmütter. Manche von ihnen sind in sozialen Medien unterwegs, können mit Messengerdiensten umgehen und halten so den Kontakt zu ihren Angehörigen. Für mich weckt das Wort »Großmutter« dagegen vor allem nostalgische Gefühle.

Vor ein paar Tagen hatte ich Besuch von einem syrischen Freund. Bevor er 2015 nach Deutschland gekommen ist, lebte er 18 Monate in Ägypten. Er berichtete von seiner damaligen Flucht nach Ägypten und dem Leben dort. Es gibt viele kulturelle und sprachliche Unterschiede zwischen Ägypten und Syrien. Die Syrer, die damals nach Kairo geflohen sind, haben in der Regel schnell Arbeit gefunden. Das mag auch an der Mentalität der Syrer liegen, die in der arabischen Welt als sehr fleißig und kreativ gelten. Inzwischen gibt es auch in Kairo viele syrische Restaurants, und als mein Freund nach Deutschland kam, hat er vor allem die leckere syrische Küche vermisst.

Im Laufe unseres Gespräches fragte ich ihn, wen er besuchen

würde, wenn er einen Flug nach Syrien geschenkt bekäme und nur ein einziges Haus besuchen dürfte. Er hat noch eine Schwester und viele Verwandte in Syrien, doch er antwortete: »Sithe.« Das wird »City« ausgesprochen und bedeutet »Oma«. Er sagte: »Meine Schwester kann ich zur Not im Libanon oder in der Türkei sehen, aber meine Großmutter würde niemals ihr Land verlassen. Sie ist wohlhabend, aber sie hat noch keine Nacht woanders geschlafen als in ihrem Haus in Damaskus. Noch immer kommen alle ihre vier erwachsenen Kinder jeden Tag zu ihr zum Mittagessen. Falls einer von ihnen mal nicht auftaucht, wird sofort telefoniert, wo er oder sie denn sei.« Diese Antwort rührte mich.

Ein Lied von Fairuz handelt von einem Telefonat mit ihrer Großmutter und heißt: »Sithe ja Sithe«:

»Hallo? Hallo? Großmutter, oh Großmutter, ich habe dich vermisst!
Kannst du lauter sprechen? Deine Stimme ist so weit weg.
Sie kommt aus den Feldern, sie kommt von den Apfelbäumen.
Deine Stimme trägt die Sonne und hat die Farbe der Feigen und Oliven
und – aah – den Geruch von Alant. Oh meine Großmutter!
Ich erinnere mich an die langen Nächte, als ich klein war,
und an die Geschichten vom Winter, die du mit deiner Stimme erzählt hast,
die mir so viel Sicherheit gibt.«

Wir haben schon einmal über die Bedeutung der Familie und den hohen Stellenwert der Mutter in der arabischen Welt geschrieben. Aber die Großmutter genießt dort noch größeren Respekt. Umgekehrt gibt es spezielle Bittgebete von Großmüttern für ihre Kinder und Enkel, sowohl bei Muslimen wie auch bei Christen. Dazu breiten sie beide Arme aus und bitten um die Begleitung Gottes, um Gesundheit, Stärke und Erfolg. Das Gebet begleitet die Menschen wie ein Schutzengel und gibt ihnen ein ganz besonderes Gefühl von Vertrauen und Sicherheit.

Ich dachte an meine eigene Großmutter. Ihre Person ist verbunden mit Erzählungen von früher, mit Geschichten für die Enkel, mit dem Geruch von gutem Essen. Ich habe ein Bild im Kopf, wie die Großmutter noch vor dem Morgengrauen aufsteht, um auf die Felder zu gehen, und mit einem Korb frischer Feigen und anderen Früchten zurückkehrt, und wie sie dann ihrer Familie ein Frühstück zubereitet. Man sagte: »Guten Morgen, liebe Großmutter«, und sie antwortete vielleicht mit: »Morgen des Lichtes, mein Sohn. Du, der die Augen und das Herz deiner Oma bist, Gott möge dir alle Türen öffnen und dich beschützen.« Haben Deutsche ähnliche Erinnerungen an ihre Großmütter?

Vor einer wichtigen Prüfung, einer Operation oder einer Reise treten viele Syrer vor ihre Großmutter und bitten diese, für sie zu beten. Das gibt ihnen ein gutes Gefühl, das man nur bei der Großmutter bestellen kann. Wenn die eigene Großmutter nicht verfügbar ist, kann man in Syrien zur Not auch eine andere ältere Frau mit »Großmutter« ansprechen und sie um ein Bittgebet bitten. Verrückt, oder? Manchmal findet man in Syrien vor einer Universität oder einem Krankenhaus eine alte Bettlerin an der Tür. Vor einer Prüfung oder Operation gibt man ihr dann Geld, damit sie für einen betet.

Bevor ich als junger Mann zum Studium nach Frankreich ausgewandert bin, fuhr ich zu meiner Großmutter in ihr 15 Kilometer entferntes Dorf, um mich zu verabschieden. Ich traf sie in ihrem Haus nicht an, weil sie auf dem Feld arbeitete, sodass ich unverrichteter Dinge wieder nach Hause fuhr. Am gleichen Abend stand Großmutter plötzlich vor unserer Haustür, mit einem Korb voller selbst gebackenem Brot und Früchten. Sie wollte mich segnen und war die ganze Strecke zu Fuß gegangen, da ihr im Auto oder Bus immer schlecht wurde. Und das im Sommer, mit Mitte siebzig. Sie konnte mich meine Reise nicht ohne einen großmütterlichen Segen antreten lassen.

Heute haben wir auch nach zwei Jahren die Corona-Pandemie noch immer nicht ganz überwunden. Wir meinen, dass es neben der Impfkampagne jetzt Zeit ist, nach neuen Strategien zu suchen. Ist schon mal jemand auf die Idee gekommen, seine Oma nach einem entsprechenden Bittgebet zu fragen?

15. Januar 2022

Ein Spaziergang

Der eigentlich harmlose Begriff »Spazierengehen« ist in diesen merkwürdigen Zeiten in Deutschland politisch aufgeladen. Aber selbst ohne Corona-Querköpfe kann man über die Frage, was ein Spaziergang ist, sehr verschiedener Meinung sein. Vor allem Deutsche und Syrer haben dazu zuweilen sehr unterschiedliche Assoziationen. Hier in Rotenburg ist mit einem Spaziergang meistens gemeint, stundenlang durch Wald und Wiesen zu gehen, alleine oder zu zweit. Wenn ich die Deutschen beim Spazierengehen beobachte, weiß ich nicht, was mich mehr wundert: ihre Ausdauer und ihr Leistungswillen oder ihre Schweigsamkeit.

Meine Freundin Gitta fuhr noch mit 60 Jahren täglich mit dem Fahrrad von Rotenburg nach Scheeßel. Auch bei Wind und Regen, oft noch im Dunkeln, absolvierte sie die neun Kilometer lange Strecke, die größtenteils durch ein Waldstück führt. Ich sagte ihr, wie beeindruckend ich das fand. Doch sie antwortete nur: »Ach was! Das ist doch ein Spaziergang!« Ich dagegen würde nicht nur die Anstrengung einer solchen Expedition scheuen, sondern hätte ehrlich gesagt auch etwas Angst, zum Beispiel vor Wildschweinen. Ich habe schon im Auto Angst vor Wildschweinen, wenn ich durch den Wald zur Arbeit fahre. Meine Freundin Gitta erzählte, sie sei tatsächlich schon mal auf dem Fahrrad einem Wildschwein begegnet. Ich fragte, ob sie nicht Angst gehabt habe. Sie sagte: »Angst nicht, aber Respekt.« Ich war verwirrt. Respekt vor einem Schwein?

Bei anderen Freunden habe ich beobachtet, dass sie auch bei leichtem Regen rausgehen, um mehrere Kilometer mit schnellen Schritten durch die Landschaft zu marschieren, obwohl sie keinen Hund haben. Sie kommen nach einer Stunde, durchnässt und etwas erschöpft, nach Hause und sagen: »Das war schön!« Wann werde ich die Deutschen jemals verstehen?

Meine Definition eines Spaziergangs ist völlig anders. Bei diesem Thema denke ich an meinen schönen Heimatort in Syrien. Darf ich Sie kurz dorthin entführen?

Unser Ort in den Bergen von Latakia ist ein touristisch geprägtes Dorf mit vielen Bars und Restaurants. Im Winter hat der Ort knapp 1500 Einwohner, im Sommer ca. 3000. Es gibt keine großen Plätze, dafür aber viele kleine Gassen und verwinkelte Ecken. Eine der Straßen wird übersetzt »Spazierweg« genannt und ist nur gut hundert Meter lang.

Diese Straße ist keine Fußgängerzone, und es gibt keinen Bürgersteig, sondern die Fußgänger teilen sich die Strecke mit Autos, Lkws und Motorrädern. Außerdem gibt es an dieser Straße viele Marktstände, Bars und Imbisse. Nach einem ungeschriebenen Gesetz in unserem Dorf fällt der Startschuss zum Spazierengehen auf dieser Straße abends um 22 Uhr, wenn die Hitze des Tages aus der Altstadt gewichen ist. Es ist eine herrliche Atmosphäre. Man riecht den Anisduft des Arak-Schnapses, der in den Bars ausgeschenkt, und das Grillfleisch, das in den Restaurants zubereitet wird. Die Leute gehen dann in kleinen Gruppen die hundert Meter auf und ab und unterhalten sich angeregt, mitten auf der Fahrbahn. Autos fahren geduldig im Schritttempo hinter ihnen her, es kommt selten zu Zusammenstößen. Letztere ereignen sich hier höchstens zwischen Liebenden: denn dieser »Spazierweg« ist auch die Partnerbörse des Dorfes, ein Laufsteg, auf dem es ums Sehen und Gesehenwerden geht. Die unverheirateten Frauen ziehen sich elegant an und tauschen verstohlene Blicke mit ihren Verehrern aus. Trotz der Kühle tragen die jungen Frauen keine Jacken, sondern wollen möglichst viel Haut zeigen.

Für die Begrüßung bei einem solchen Spaziergang stehen hundert verschiedene Arten zur Verfügung: Man kann entweder die Hand heben oder sich die Hand reichen, sich zuzwinkern, freundlich lächeln, die Augenbrauen hochziehen, sich auf die Schultern klopfen oder sich küssen. Abends sind so viele Menschen auf dieser Straße, dass man nicht sagen könnte, wer gerade mit wem einen Spaziergang macht und wer sich mit wem unterhält. Es kann sogar passieren, dass man sich gerade angeregt unterhält und jemand, der vor oder hinter einem geht und eigentlich zu einer anderen Gruppe gehört, sich ungefragt in das Gespräch einschaltet, um irgendwelche passenden Weisheiten preiszugeben. Wenn man am Ende der Straße angekommen ist, drehen sich alle in der Gruppe wie von einer unsichtbaren Hand gesteuert gleichzeitig um und schlagen die Gegenrichtung ein. Dieses Ritual wird -zigmal wiederholt.

Manchmal kommt es zu einem Stau auf dem Spazierweg. Wenn sich Menschen etwa seit längerer Zeit nicht gesehen haben und auf dieser Straße wiedertreffen. Schon wenn jemand nur eine Woche nicht im Dorf war, bildet sich eine kleine Gruppe um diesen Menschen, um ihn auszufragen. War jemand einen Monat nicht da, entsteht unter lautem Geschnatter eine noch größere Traube. Wenn aber jemand nach einem oder mehreren Jahren ins Dorf zurückkehrt, ist der ganze Spazierweg ein einziges Menschenknäuel um diesen Rückkehrer, der den gesamten Abend von seinen Abenteuern in der Fremde erzählen muss.

An einer etwas breiteren Stelle des Spazierweges findet man besonders viele Marktstände und Imbisse, bei denen man kurz stehen bleiben und eine Kleinigkeit essen kann. Man setzt sich dazu manchmal auf eine Art steinerne Bank an der Hauswand oder auf die Stufen der Geschäfte. Hier palavern die Leute ununterbrochen, und niemand kann diese Stelle passieren, ohne dass über ihn gesprochen wird:

»Sieh nur, wer ist das da vorne?« – »Ah, das ist Fadi. Hast du ihn nicht erkannt? Was macht er noch gleich?« – »Es heißt, er lebt heute in Damaskus und studiert dort. Ich habe gehört, die Eltern haben sich getrennt. Der Vater hat seine Frau verlassen.« – »Was? Wirklich? Die Arme! Heißt sie nicht Reem? Sie war die Königin der Party gestern.« – »Ja, für wie jung hält sie sich? Und wer ist das Mädchen dort? Hast du bemerkt, wie sie Fadi begrüßt hat? Schau nur, jetzt hat sie sich sogar zu ihm umgedreht.« – »Das ist Rasha, die Tochter des Besitzers der Olivenpresse im Tal. Letztes Jahr hat er einen zu hohen Preis fürs Olivenpressen verlangt. Fadis Mutter würde einer Heirat mit Rasha nie zustimmen. Nächstes Jahr bringen wir unsere Oliven zu Michael, der macht faire Preise. Er hat eine neue Olivenpresse, sie ist made in Germany und gibt einen höheren Prozentsatz Öl als die anderen.« – »Früher war Fadi so ein netter Junge!« …

Nachdem man diesen Spießrutenlauf ein paarmal absolviert oder selbst an der Jury teilgenommen hat, geht man in der Regel in eine der Bars, wo man bis nach Mitternacht isst und trinkt. Manchmal bleiben junge Männer so lange in den Tavernen, dass sie gleich im Anschluss morgens in die Feigenplantagen gehen, um in der Morgendämmerung frische Feigen von den Bäumen zu pflücken.

Das ist meine Vorstellung vom Spazierengehen. Auf solch einem abendlichen Spaziergang habe ich damals zum ersten Mal meine heutige Frau Hala gesehen. Und sosehr ich die Naturschönheiten der norddeutschen Tiefebene schätze – ich vermisse es sehr, abends durch die Altstadt meines Heimatortes zu schlendern.

6. Februar 2022

Besuch der alten Dame

Die Einschläge dieser endlosen Corona-Pandemie kommen in unserem Bekanntenkreis immer näher, und schon lange gab es keine ausgelassenen Feiern mehr. Es regnet gefühlt seit Monaten, den Kindern fällt in unserer kleinen Wohnung die Decke auf den Kopf, ständig ist es dunkel und kalt. Russland will von seiner militärischen Umklammerung der Ukraine nicht ablassen, und zu allem Unglück jagte in den letzten Tagen ein Orkan nach dem anderen über das kleine Rotenburg.

Mir kommt es so vor, als seien wir alle nur noch im Durchhaltemodus, bevor bald hoffentlich alles besser wird. In dieser Lage sehnen wir uns nach etwas Erbaulichem, etwas, das aufrichtet. Ein solcher Hoffnungsschimmer trat nun in Person einer alten Dame in mein Leben.

Als wir vor ein paar Wochen unsere letzte Kolumne geschrieben haben, lief im Fernsehen gerade das Finale der Australian Open. Es spielte Daniil Medwedew gegen Rafael Nadal, der vorher mehrere Monate lang verletzt war. Viele hatten ihm deshalb keine großen Chancen zugeschrieben. Tatsächlich verlor er die ersten beiden Sätze, und alle dachten: Das war es nun für Nadal. Aber er kam zurück, plötzlich stand es 2:2. Das gesamte Match dauerte ungefähr fünfeinhalb Stunden. Am Ende siegte Nadal.

Ich war begeistert. Was für eine Leistung, Motivation und Willensstärke! Weil Nadal bereits 20 Grand-Slam Turniere gewonnen hatte, sagte Medwedew nach dem Spiel, er habe »gegen die Geschichte gespielt«.

An diese Formulierung fühlte ich mich erinnert, als ich kürzlich einer 85-jährigen Frau gegenübersaß. Sie war die Mutter einer Freundin aus dem Nachbarort, bei der wir eingeladen waren. Das Lachen der alten Dame, ihr Gedächtnis, ihre Eleganz, ihre ganze Aura faszinierten mich. Es waren noch einige jüngere Menschen anwesend, aber sie überstrahlte alles. Sie zog mich in ihren Bann, sodass ich sie näher kennenlernen wollte.

Ich kam mir vor wie ein Reporter, der einen Star interviewt. Sie erzählte mir bereitwillig über ihr Leben, über ihre Flucht aus der DDR, über ihre Arbeit als Sekretärin und über ihren verstorbenen Mann. Sie strahlte eine große Zufriedenheit aus, die sich im Laufe des Gesprächs auch auf mich übertrug. Ihre leidenschaftliche Erzählweise verlieh der Geschichte eine Seele, die mich wärmte.

Ich fragte, wie sie ihren Mann kennengelernt habe. »War das Ihre große Liebe?« Sie lachte etwas und antwortete: »Ach, ich weiß nicht, ob es die eine große Liebe war. Aber ich war mir sicher, dass mein Mann mich auch sehr liebte.« Ich fragte, was sie an ihrem Mann am meisten mochte. Sie sagte: »Er war so groß und hatte blonde Haare.«

Im Laufe unserer Unterhaltung erfuhr ich, dass die alte Dame täglich ins Schwimmbad geht und dort ihre Bahnen zieht. Sie fährt mit dem Fahrrad zum Einkaufen, bewohnt ein eigenes Haus, macht noch immer ihren eigenen Haushalt und liest viel. Sie sagte mehrmals: »Ich bin zufrieden mit meinem Leben.« Das beeindruckte mich sehr. Ich fragte, ob sie in ihrem Leben nicht auch manchmal die Langeweile zu Gast habe. Sie sagte: Niemals!

Ich habe eine Bekannte in Syrien, die 30 Jahre alt ist. Wenn ich mit ihr telefoniere, jammert sie über alles Mögliche und beklagt sich eigentlich nur. Auch wenn das Leben in Syrien vielleicht hart ist, stört mich dieser Pessimismus in ihren jungen Jahren. Ich hätte ihr gerne meine 85-jährige deutsche Bekannte vorgestellt, die sicher auch Härten erlebt, ihren Optimismus aber bewahrt hat.

Am Abend wollte ihre Tochter die alte Dame nach Hause ins nahe gelegene Rotenburg fahren. Ich bot an, sie in unserem Auto mitzunehmen. Ich fragte, ob sie einen Führerschein besitze. Aber sie hatte ihn vor ein paar Monaten abgegeben, da sie alles mit dem Fahrrad erledigen kann.

Als sie mit der ihr eigenen Grandezza ihren Mantel angezogen hatte, schlang sie sich ihre rote Tasche über die Schulter. Welch Würde und welche Eleganz! Sie zum Auto zu begleiten, fühlte sich für mich wie eine besondere Ehre an. Als ich ihr die Wagentür öffnete, kam es mir vor, als öffnete ich die Tür für ein Stück deutsche Geschichte. Und während wir nach Rotenburg fuhren, konnte sie zu jedem Baum, zu jedem Haus eine kleine Story erzählen.

An ihrem Haus angekommen, wäre es in Syrien meine Pflicht gewesen, ihr aus dem Auto zu helfen, den Schlüssel abzunehmen und ihr das Haus aufzuschließen. Aber hier traute ich mich nicht einmal, ihr meinen Arm anzubieten, weil diese Dame trotz ihres hohen Alters so viel Stärke und Gesundheit ausstrahlte. Sie kam bestens alleine klar und verabschiedete sich an der Haustür von uns.

In Syrien wäre es absolut ungewöhnlich, wenn eine so alte Frau so eigenständig lebte, körperlich und geistig noch so fit wäre. Vom Schwimmen und Fahrradfahren ganz zu schweigen. Vielleicht liegt es daran, dass Frauen in der arabischen Welt seltener Sport treiben, vielleicht liegt es aber auch an der Lebenseinstellung und Selbstdisziplin.

Abends unterhielt ich mich mit meiner Frau über diese beeindruckende Begegnung. Unsere Winter-Depression und der Corona-Blues waren wie vom Orkan weggeblasen. Alles wird gut!

26. Februar 2022

Hallihallo Sprachgefühl

Über was soll man in diesen Tagen sprechen? Es wird viel über den Ukrainekrieg geschrieben, was gut und richtig ist. Aber meine Gefühle dazu sind noch zu unsortiert, als dass ich dem im Moment etwas hinzuzufügen hätte. Über Liebe? Dieses Thema hatte ich mir eigentlich für diese Woche vorgenommen, aber es passt nun nicht mehr zu meiner Stimmung. Wir hören im Moment nur die Sprache des Krieges, nicht die Sprache der Liebe. Selbst meine Frau und ich, die wir uns lieben, sprechen nur noch über den Krieg.

Sprache kann helfen, Kriege zu vermeiden. Warum ist es nicht gelungen, diesen Krieg durch Sprache zu verhindern? Vielleicht, weil Sprache mehr ist als nur Wörter und man sich manchmal nicht versteht, obwohl man die gleiche Sprache spricht.

Eine Woche bevor wir 2015 vor dem Krieg in Syrien nach Deutschland geflohen sind, bat ich meine Frau, die Koffer zu packen. Ich fing derweil an, mich der deutschen Sprache zu nähern. Wir haben zunächst stumpf auswendig gelernt:

»Ich – mich – mir«

»Du – dich – dir«

»Danke – Bitte – Entschuldigung«

Wir lernten Wörter, ohne sie zu verstehen.

Jetzt, nach sieben Jahren in Deutschland, weiß ich, dass die Sprache zwar ein wichtiger Schlüssel zur Integration ist, aber der Besitz des Schlüssels ist nur die halbe Miete. Man muss ihn auch richtig ins Schloss führen, und das ist unglaublich schwer. Letztes Jahr habe ich mit der C1-Prüfung ein scheinbar gutes Niveau in der deutschen Sprache erreicht. Doch ich merke immer mehr: Wichtiger als das Niveau der Sprachkenntnis ist es, ein Gefühl für die Sprache zu haben.

Dieses Sprachgefühl kann erst entstehen, wenn man anfängt, das Deutsche spontan zu benutzen, ohne nachzudenken, unwillkürlich. Bei unseren Kindern ist das bereits seit Längerem so. Sie sprechen perfekt und akzentfrei Deutsch, auch untereinander, und wissen, wie man wann welche Wörter einsetzt und betont.

Wenn ich in meinem gebrochenen Deutsch bei Lesungen zum Publikum spreche, frage ich mich oft, wie meine Worte wohl ankommen, wie sie in deutschen Ohren aufgenommen werden. Wenn ein Europäer Arabisch spricht, hört sich das für arabische Ohren meist sehr schön an. Vielleicht so, wie sich ein französischer Akzent für Deutsche anhört. Wir Araber mögen den Akzent von Ausländern und den teilweise nicht ganz treffsicheren Gebrauch der Sprache. Es wirkt sympathisch und lässt uns manchmal schmunzeln. Oft höre ich deutsche Schüler den arabischen Ausdruck »Ma Shallah« benutzen, der gerade sehr in Mode ist, auch wenn die Schüler gar nicht wissen, wann man diesen Ausdruck im Arabischen wirklich benutzt. Eigentlich heißt die Redewendung übersetzt: »Wie Gott will«, wird aber teils als Gruß, als Kompliment oder als Schutzformel verwendet. Es ist ein Ausdruck mit tausend Bedeutungen, dennoch verwenden die deutschen Schüler ihn an der falschen Stelle.

Solche vielseitig verwendbaren Ausdrücke gibt es auch im Deutschen, und da merke ich, dass ich noch immer nicht ganz in dieser Sprache angekommen bin. Erst wenn man Wörter wie »eigentlich«, »doch« »wohl«, »gar …« und Ähnliches unbewusst an der richtigen Stelle einsetzt, ist man wirklich in der Sprache zu Hause.

Früher habe ich, wie die meisten Ausländer, die deutsche Sprache als kalt und nüchtern wahrgenommen. Ich wusste, wie präzise die deutsche Sprache sein kann, aber sie hatte für mich keinen schönen Klang. Vor ein paar Tagen merkte ich, dass sich das verändert. Ich verließ morgens das Haus mit dem Gruß an eine meiner Töchter: »Ich liebe dich.« Sie antwortete akzentfrei: »Ich dich auch!« Das hörte sich für mich unglaublich schön an. Auch wenn ich eine solche Antwort schon oft auf Deutsch gehört hatte, merkte ich jetzt, wie viel Wärme in diesen Worten enthalten sein kann. Ich hatte für einen Augenblick zumindest eine Idee von deutschem Sprachgefühl.

Jede Sprache hat ihren eigenen Charakter. Ich jongliere oft zwischen drei Sprachen: Manche Dinge lassen sich besser auf Arabisch sagen, manche besser auf Französisch, andere auf Deutsch. Ich merke nun, dass die deutsche Sprache nicht nur pragmatisch sein kann, sondern von mir zunehmend mit Gefühlen aufgeladen wird.

Als ich mit Gerd darüber sprach, wunderte ich mich, wie viele kleine Nuancen es in der deutschen Sprache gibt, um Gefühle, die Seele und die Beziehungsebene zwischen Menschen in Wörter zu verpacken, indem man sie anders betont, verkürzt oder verlängert. »Schatz«, »Schätzchen« oder »mein Schatz« kann in 10 verschiedenen Situationen mit 100 verschiedenen Betonungen 1000 Bedeutungen haben. »Mein lieber Freund …« kann einen freundschaftlichen Satz einleiten oder harte Kritik. Die vermeintlich sachlichen Deutschen verstecken in mikroskopisch kleinen Veränderungen in der Sprache Gefühle. Vielleicht habe ich zum ersten Mal ein kleines bisschen davon abbekommen, als mir meine Tochter ihr »Ich dich auch!« hinterherrief.

Wenn mich ein syrischer Freund nicht mit »Samer« anspricht, sondern mit »Abu Samra«, drückt das viel Herzlichkeit aus und gibt mir sofort ein Gefühl von Verbundenheit. Zunehmend merke ich, dass es das auch im Deutschen gibt. Man kann es nicht durch das Auswendig-Üben von Vokabeln lernen, sondern muss ein tiefes Bad in der deutschen Sprache nehmen, damit es auf einen übergeht.

Kürzlich war ich mit meiner älteren Tochter in einem türkischen Geschäft. Ich sagte beim Betreten wie immer »Merhaba Habibi!« Habibi heißt übersetzt »mein Schatz«, aber man kann es als geflügeltes Wort auch für einen Bekannten benutzen. Meiner Tochter war das peinlich. Sie fragte mich, warum ich diesen Mann mit Habibi anspreche, obwohl ich bisher nie homoerotische Tendenzen gezeigt habe. Sie hat inzwischen kein arabisches Sprachgefühl mehr, weil sie fast nur noch Deutsch spricht.

Unsere Töchter singen viel, was uns große Freude bereitet. Aber sie singen ausschließlich auf Deutsch, nie auf Arabisch. Sie könnten es gar nicht, weil sie zwar die arabischen Wörter kennen, aber diese Sprache nicht mehr im Herzen tragen. Es macht meine Frau Hala und mich manchmal etwas traurig, dass wir das richtige Sprachgefühl für das Arabische nicht an unsere Töchter weitergeben konnten.

Gestern wurden wir von Leuten auf der Straße mit »Moin« angesprochen, wie es bei uns in Norddeutschland üblich ist. Hala und ich antworteten mit »Guten Morgen«. Meine Tochter korrigierte mich. Sie sagte: »Wenn jemand euch mit ›Moin‹ begrüßt, müsst ihr auch mit ›Moin‹ antworten, sonst klingt das komisch.« Für Hala und mich hat es gar keinen Unterschied gemacht, für Deutsche schon. Und für unsere Tochter auch.

So haben wir auch gelernt, dass in einem förmlichen Kontext »Hallihallo« nicht die perfekte Begrüßung ist, auch wenn wir diesen Ausdruck schon so oft von Freunden gehört haben. Diese Wendung im richtigen Moment im richtigen Tonfall und in der richtigen Stimmung zu verwenden, hatten wir mangels Sprachgefühls noch nicht gelernt.

Aber manchmal habe ich auch Erfolgserlebnisse. Kürzlich saßen Gerd und ich nach einer Lesung in Osnabrück mit den Veranstaltern und einem weiteren Freund in einem syrischen Restaurant. Ich führte sie in die Kunst des Arak-Trinkens ein, und die Stimmung stieg. An einer Stelle der Unterhaltung schnappte ich das Wort »Kleingärten« auf. Ich kannte dieses Wort nicht und fragte, was es bedeute. Gerd sagte, es seien kleine Parzellen, Holger fügte hinzu, man könne dort grillen und Gemüse anbauen. Sören ergänzte, Kleingärten gehörten in der Regel Menschen, die in der Stadt wohnten und keinen Platz für einen eigenen Garten am Haus hätten. Ich sagte: »Nein, das heißt nicht Kleingarten. Es gibt einen anderen Ausdruck dafür.« Alle grübelten, welches Wort das wohl sein sollte, kamen aber nicht darauf. Ich sagte: »Gartenstreber!« Holger verschluckte sich an seinem Arak, Gerd schlug lachend mit der Hand auf den Tisch, Sören johlte, und Tanja weinte vor Glück. Ich fragte, ob ich etwas Falsches gesagt hätte. Tanja wischte sich die Tränen aus dem Gesicht und sagte: »Nein, du hast ganz recht. Der korrekte Begriff ist nicht ›Kleingarten‹.« Gerd meinte, das zeige, wie gut ich mich schon in der deutschen Sprache auskenne, wenn vier studierten Deutschen der richtige Begriff nicht einfällt und es einen Syrer braucht, um uns darauf zu bringen. Einig waren sich aber alle, dass »Gartenstreber« als eine wichtige Wortneuschöpfung in den Duden einziehen sollte und noch besser zu den Deutschen passe als »Schrebergarten«.

12. März 2022

Liebeslieder im Stadion

Vielleicht haben die regelmäßigen Konsumenten unserer Kolumnen bemerkt, dass in den letzten Texten nur noch selten arabische Lieder rezitiert wurden. Dagegen sind öfter mal Zeilen aus deutschen Liedern eingeflossen. Das liegt daran, dass ich zunehmend mit deutscher Musik konfrontiert werde, je länger ich in diesem Land lebe.

Einen völlig neuen Zugang zu deutschen Liedtexten bekam ich nun unerwartet bei meinem ersten Stadionbesuch in Deutschland. Ich bin großer Fußballfan, hatte es aber in sieben Jahren in Deutschland noch nicht geschafft, mal ins Stadion zu gehen. Das änderte sich vor zwei Wochen, als Gerd vorschlug, mit ihm und seinem jüngsten Sohn Ludwig, einem waschechten HSV-Fan, ins Volksparkstadion zu einem Heimspiel zu fahren. Ich fragte meine fußballbegeisterte älteste Tochter Christina, ob sie mitkäme, und so fuhren wir zu viert los.

Weder Gerd noch ich sind echte HSV-Fans, sondern neigen eher Werder Bremen zu. Auch waren meine Erwartungen an das Match nicht besonders hoch, aus verschiedenen Gründen: Der HSV spielt in der zweiten Liga, es war ein Nachholspiel, es war unter der Woche, es war kalt und das Stadion nicht einmal zur Hälfte ausverkauft. Was soll da schon los sein?

Aber als wir den Innenraum des Stadions betraten, schlug uns eine Wolke der Begeisterung entgegen, bestehend aus Fangesängen, Fahnen, Musik aus Lautsprechern, dem Geruch von Hotdogs und Bierdunst. Sofort waren auch wir umfangen von dieser dichten, fußballverrückten Atmosphäre und mutierten schlagartig zu HSV-Fans. Wir saßen relativ nah am Spielfeld, es hatte aufgehört zu regnen, und die 20.000 Zuschauer erzeugten eine tolle Atmosphäre. In den nächsten 90 Minuten schoss Hamburg vier Tore, und es waren auch unsere Tore. Die berüchtigte Nordkurve gegenüber heizte ordentlich ein, und auch in unserem Familienblock wurde bald laut gejubelt, gestöhnt und in Fangesänge eingestimmt. Wer meint, Deutsche seien unterkühlt, sollte mal zu solch einem Fußballfest gehen. Im Stadion konnte ich die Lieder noch nicht sofort mitsingen, weil ich den Text nicht kannte. Aber schon beim Zuhören bekam ich eine Gänsehaut nach der anderen, auch weil alle Kinder und Eltern um uns herum mitsangen:

»Mein Hamburg lieb ich sehr
Sind die Zeiten auch oft schwer
Weiß ich doch, hier gehör ich her
Hier, wo ich geboren bin
Wo ich spielte schon als Kind
In den Straßen, die mein Zuhause sind.«

Auf andere Deutsche, die nicht aus Hamburg kommen, mag das Lied keine besondere Wirkung haben. Mich als Ausländer dagegen berührte es sehr. Dass die Leute »Mein Hamburg« sangen, beeindruckte mich, gerne würde ich auch so etwas sagen können. Ich hatte noch nie jemanden von »meinem Rotenburg« sprechen hören. Ich lernte hier erstmals etwas über den Lokalpatriotismus der Deutschen.

In diesem Hamburger Fangesang habe ich mehr Gefühl entdeckt als in den meisten deutschen Liebesliedern oder Popsongs, die ich kenne. Plötzlich hatte ich eine Beziehung zu den Menschen in Hamburg und sang: »Hier gehör ich her«, obwohl ich weder dort lebe noch dort geboren wurde. Ist das nicht verrückt?

Weiter heißt es in dem Lied:

»Ich hab nen harten Tag gehabt und musste noch mal raus,
Mit der S-Bahn in die Innenstadt, am Hafen steig ich aus,
Ich hab noch ein paar Bier dabei und setz mich an die Pier,
Die Schiffe und der Lichterglanz …«

Diese Zeilen riefen bei mir die Lust hervor, die Stadt kennenzulernen. Ich sehnte mich nach einem solchen Heimatgefühl und vermisste diese Stadt, ohne sie wirklich zu kennen.

Auf dem Rückweg nach Rotenburg spielte uns Ludwig im Auto dieses und noch weitere Hamburg-Lieder vor, aber auch das Werder-Lied, das ich am Rotenburger Bahnhof schon oft gehört hatte und das Gerd nun laut mitsang:

»Hebt die Hände hoch,
Zeigt den Werder-Schal,
Wir sind Meister und hol'n den Pokal!
Werder Bremen, lebenslang grün-weiß.
Wir gehör'n zusammen,
Ihr seid cool und wir sind heiß …«

Wieder diese Gänsehaut, wieder dieses Gemeinschaftsgefühl. Dadurch, dass ich als Fußballfan die Emotionen in den Liedern nachempfinden konnte, fühlte ich mich diesen Fußballgemeinden zugehörig sowie überhaupt den Menschen hier in Norddeutschland. Das einzig Verwirrende war, dass ich nicht so recht wusste, was ich nun bin: Werder- oder HSV-Fan. Beides zusammen schließt sich eigentlich aus, wenn man die Geschichte dieser Vereine kennt.

Das Gefühl des »Sowohl-als-auch« ist mir nur zu gut bekannt. Demnächst steht ja hoffentlich meine Einbürgerung an. Auch so ein Thema, bei dem ich oft hin- und hergerissen bin zwischen den Gefühlen für meine alte Heimat Syrien und für mein baldiges neues Vaterland Deutschland. Ich liebe die Menschen, aber ich mag Deutschland ebenso wie Syrien. Und ich liebe den Fußball, aber ich mag sowohl Werder Bremen als auch den HSV. Rotenburg liegt nun mal genau zwischen beiden Städten. Das nächste Mal fahren wir ins Weser-Stadion, vielleicht schafft Bremen diese Saison den Aufstieg. Gerd leiht mir seinen grün-weißen Schal. Die Fangesänge übe ich diesmal aber schon vor dem Spiel.

23. April 2022

Noch ein Stempel und ich bin deutsch

Es gibt eine beliebte Comedyserie in Syrien namens »Das verlorene Dorf«. Das Dorf hat vielleicht nur hundert Einwohner, darunter viele schräge und kauzige Typen, aber der Bürgermeister ist wahnsinnig stolz auf sein Amt und die Bedeutung, die es ihm als Person verleiht. In einer Folge verliert dieser Bürgermeister seinen Amtsstempel, den er zum Beglaubigen von Dokumenten benutzt. Das ganze Dorf macht sich lustig über ihn, der nun nicht nur seinen Stempel, sondern damit auch all seine Autorität verloren hat. Sie sprechen ihn nicht als Bürgermeister, sondern mit seinem Namen an. Als er nach drei Tagen den Stempel wiederfindet, zieht er durchs Dorf und stempelt jeden Einwohner, den er trifft, auf die Stirn, um seine Autorität wiederherzustellen.

Ich benötige auch noch einen Stempel, aber nicht auf meine Stirn, sondern unter meine Geburtsurkunde, dann bekomme ich meine Einbürgerung in Deutschland. Es befinden sich bereits einige Stempel auf diesem Dokument und der beglaubigten deutschen Übersetzung: vom syrischen Außenministerium, vom vereidigten Übersetzer und von anderen Institutionen. Aber das Gesetz verlangt, dass ich mir noch einen weiteren Stempel besorge, und zwar von der syrischen Botschaft in Beirut. Das läuft über »Firmen« vor Ort, denen man viel Geld bezahlen muss, damit diese bei der Botschaft den Stempel beantragen. Ich habe eine solche Firma bereits viermal angemailt, bislang ohne Antwort. Hätte ich diesen blöden Stempel endlich auf meiner Geburtsurkunde, wäre ich bereits ein Deutscher.

Ist das nicht seltsam, dass ein Stempel von irgendeinem Botschaftsangestellten in Beirut darüber entscheidet, ob Samer Tannous ein Deutscher ist? Bin ich durch so einen Stempel ein anderer Mensch? Und werde ich mich nach der Einbürgerung plötzlich als Deutscher fühlen? Durch ein Stück bedrucktes Papier?

Als ich in Frankreich lebte, bin ich, wenn überhaupt, in die katholische Kirche gegangen, weil es dort fast nur katholische Kirchen gab. Zurück in Syrien, besuchte ich den orthodoxen Gottesdienst. Jetzt in Rotenburg bin ich unentschlossen, ob wir in die evangelische oder katholische Kirche gehen sollten. Wir sind nicht Fisch noch Fleisch.

Letzte Woche fragte mich meine ältere Tochter: »Papa, was bin ich eigentlich: katholisch oder evangelisch?« Ich sagte ihr: »Weder noch! Wir sind griechisch-orthodox.« Sie lachte, weil sie diesen Begriff nicht kannte und sich damit unter ihren Mitschülern nicht einordnen konnte. Sie hing mal wieder zwischen den Stühlen, so wie wir. Genauso fühlt sie sich bezüglich der Staatsangehörigkeit. Sie ist zwar »auf dem Papier« noch Syrerin, fühlt sich aber absolut deutsch, spricht fast ausschließlich diese Sprache und hat sich bezüglich ihrer Ansichten und Lebensweise besser integriert, als meine Frau und ich das jemals fertigbringen werden. Meine Tochter sagte: »Papa, ich rede Deutsch mit dir. Du wirst in wenigen Monaten Deutscher sein. Sag mir nicht, dass du orthodox bist, das geht nicht! Hier bist du entweder evangelisch oder katholisch.« Sie setzt mich auch furchtbar unter Druck bezüglich der Einbürgerung. Ständig fragt sie: »Papa, wann werden wir Deutsche sein?« Sie sehnt sich nach Eindeutigkeit.

Ich habe Freunde in Dubai, die für drei Jahre in Kanada gelebt und dadurch die kanadische Staatsbürgerschaft bekommen haben. Nur weil sie drei Jahre dort waren. Sie wissen wenig über Kanada und sprechen kaum Englisch. Dennoch haben sie den kanadischen Pass bekommen, was ihnen Vorteile beim Reisen verschafft und im Alter mehr Sicherheit.

In Deutschland ist es nicht ganz so einfach. Man muss längere Zeit hier leben und arbeiten, ein gewisses Sprachniveau nachweisen und einen »Einbürgerungstest« bestehen. Alles geht streng nach Vorschrift, auch der Schutzstatus spielt eine Rolle. Ich warte inzwischen schon recht lange auf meine Einbürgerung, was auch daran liegt, dass ich nur subsidiären Schutz genieße und nicht den Flüchtlingsschutz. Dass mein Sprachniveau inzwischen höher ist als erforderlich, dass ich mit Gerd seit vielen Jahren Workshops zum Thema Integration leite, dass wir darüber Kolumnen und Bücher schreiben – all das verschafft mir keine Vorteile. Manchmal sage ich über die deutschen Gesetze, diese seien »hart aber fair«, wie der Titel der bekannten Talkshow. Manchmal denke ich jedoch auch: »hart, aber nicht fair.«

Wir haben in Deutschland bis vor Kurzem noch nie unter Rassismus gelitten. Vorige Woche wurde unsere jüngere Tochter erstmals aufgrund ihrer Herkunft beleidigt. Sie kam traurig nach Hause, und ich sagte, um sie zu trösten: »Du kannst stolz sein, dass du Syrerin bist. Es ist ein schönes Land!« Aber damit konnte sie nur wenig anfangen, weil sie sich bereits so sehr mit Deutschland identifiziert.

Meine Töchter fühlen sich hundertprozentig deutsch. Wenn sie den deutschen Pass bekommen, wird es für sie nur eine selbstverständliche Formalie sein. Wir Eltern, die wir innerlich zwischen Baum und Borke, zwischen zwei Ländern und zwei Kulturen leben, konfrontieren uns ständig mit der Frage, was sich für uns mit dem deutschen Pass wohl ändert. Ob wir uns dann auch wie Deutsche fühlen werden.

So viel hat sich für uns in den letzten Jahren verändert auf unserem Weg in die deutsche Gesellschaft, wir haben oft darüber geschrieben. Wir sind nicht »neureich«, aber bald werden wir »neudeutsch« sein.

Ich arbeite seit fünf Jahren an einer Schule in Scheeßel, seit einem Jahr fahre ich mit dem eigenen Auto dorthin. Aber ich parke nicht auf einem Lehrerparkplatz auf dem Schulgelände, sondern immer noch draußen auf der Straße. Ich weiß nicht, wieso. Aber ich weiß, dass ich auf dem Lehrerparkplatz parken werde, wenn ich erst den deutschen Pass habe. Ich sehne mich nach dem Gefühl, dazuzugehören.

2. April 2022

Stress

Gestern habe ich zu meiner Frau Hala gesagt, dass das Wort »Stress« eines der häufigsten ist, das ich von den Deutschen höre. Oft nutzen sie auch die Redewendung: »Keinen Stress!« Ich fragte meine Frau, wie sie das übersetzen würde. Sie fand keine Antwort. Im Arabischen gibt es zwar ein Wort für »Stress«. Aber die Syrer benutzen es seltener. Und eine Redewendung wie »Keinen Stress!« gibt es dort nicht. Wir würden sagen: »Mach dir keine Sorgen.«

Sich Stress oder »keinen Stress« zu machen, ist typisch deutsch. Es hat mit eurer Leistungsfähigkeit und mit eurem vollgepackten Leben zu tun. Wir hatten schon mal darüber geschrieben, dass meine Ein-Wort-Beschreibung für die Deutschen »Leistung« ist.

Aber der zweitbeste Begriff, um euch zu beschreiben, wäre wohl »Stress«.

Der SPIEGEL hat letzte Woche den Stress zum Titelthema gemacht, was wirklich mal Zeit wurde. Ich habe auch mit Gerd über die verschiedenen Stresssorten gesprochen, die auf eurem deutschen Menüplan stehen. Der »gute« Eustress, der den Keim des Bewältigbaren in sich trägt. Und der »böse« Disstress, der den Keim des Unbewältigbaren in sich trägt und deshalb belastet und krank macht. Aber ich als Syrer versuche, jeglichem Stress nach Möglichkeit aus dem Weg zu gehen. Auch wenn ich das immer weniger kann, je mehr ich in den deutschen Arbeitsalltag eingebunden bin.

Auf einer Lesung in Visselhövede fragte mich ein Mann: »Gibt es in Syrien auch so etwas wie ›Burn-out‹?« Ich schüttelte den Kopf. Ein Wort für diese Form der psychischen Erkrankung gibt es in Syrien nicht. Das heißt natürlich nicht, dass es die Erkrankung selbst in Syrien nicht gibt. Aber ich gehe jede Wette ein, dass sie deutlich seltener vorkommt als in Deutschland. Viele Menschen dort haben im Moment andere Sorgen.

Manchmal denke ich, die Deutschen suchen den Stress. Sie möchten das so, würden es aber niemals zugeben. Viele Deutsche wollen ständig alles perfekt machen. Sie knallen sich ihre Terminkalender mit Terminen zu, und mit der ihnen eigenen Verbindlichkeit halten sie auch alle diese Termine ein. Das allein kann schon stressig sein. Wenn da mal etwas dazwischenkommt, gibt es Stress hoch drei, dann ist richtig Alarm. Und wenn dann noch psychisch belastende Dinge hinzukommen, kann es auf Dauer bis zum Burn-out führen.

Ich mag es nicht, unter Stress zu stehen. Ich gehe dem Stress aus dem Weg, um mich nicht noch mehr zu belasten. Ich gehe zum Bahnhof, wann ich will, und nicht, wenn der nächste Zug kommt. Irgendwann kommt immer ein nächster Zug. Letzte Woche bin ich nach Buchholz zum Studienseminar gefahren. Es fing um halb elf an, aber ich war schon früh am Morgen am Bahnhof, um zeitlich flexibel zu sein.

In Rotenburg wurde offenbar das Gleis verlegt, auf dem mein Zug eintreffen sollte, ohne dass ich das mitbekommen hatte. Bei der Einfahrt des Zuges stand ich auf dem falschen Gleis und sah den Zug auf der anderen Seite der Schienenstränge. Ich hätte nun durch die Unterführung hindurchlaufen können, um zu versuchen, den Zug noch vor der Abfahrt zu erreichen, wie es ein Deutscher gemacht hätte.

Wahrscheinlich hätte ich den Zug noch erreicht, verschwitzt und außer Puste. Aber ich sagte mir: »Den Stress machst du dir jetzt nicht.« Ich wartete stattdessen auf den nächsten Zug, der eine halbe Stunde später kam. Während ich wartete, hörte ich eine Durchsage durch den Lautsprecher. »In unseren Zügen gilt noch die Pflicht, während der gesamten Fahrt eine FFP2-Maske zu tragen. Danke für Ihr Verständnis, und bleiben Sie gesund.« Dabei vergisst in Deutschland fast nie jemand, im Zug seine Maske zu tragen. Sinnvoller hätte ich den Hinweis gefunden: »… und bleiben Sie cool!«

Gegen Ende des Seminars schauten meine deutschen Kollegen, wie üblich, ständig auf die Uhr, damit sie abschätzen konnten, ob sie den Bus zum Bahnhof noch erreichen würden. Ich nicht. Später, auf dem Weg zur Haltestelle, sah ich den Bus, wie er sich näherte. Erneut hätte ich rennen müssen, um ihn zu erreichen. Diesmal entschloss ich mich bewusst für die deutsche Variante: Ich nahm die Beine in die Hand und rannte los. Im Gegensatz zu Rotenburg ist es in Buchholz leicht hügelig, und hier ging es leider bergauf. Ich erreichte den Bus zwar noch rechtzeitig, war aber völlig außer Atem und hatte Schweißflecken unter den Achseln. Ich benötigte anschließend fünf Minuten, bis mein Herz und meine Atmung sich beruhigt hatten. Sofort bereute ich meine Entscheidung. Warum hatte ich mir nur diesen Stress gemacht?

Ein zusätzlicher Stressfaktor, der wahrscheinlich mehr oder weniger die gesamte westliche Welt betrifft, sind Handys und E-Mails. Allein meine beruflichen Mails über IServ sind an manchen Tagen so zahlreich, dass ich sie kaum alle verarbeiten kann. Hinzu kommen Botschaften, Verabredungen und Informationen über SMS und WhatsApp, die mich zusätzlich unter Druck setzen.

Wir haben in dieser Kolumne schon mal die deutschen Schulenmit den syrischen verglichen.

So vieles ist an deutschen Schulen besser und liberaler. Aber in Deutschland werden Schüler, Lehrer und Eltern regelrecht bombardiert mit Meldungen über IServ, um den Schulalltag zu regeln. In Syrien gibt es das nicht, aber der Schulbetrieb funktioniert trotzdem. Ist doch seltsam, oder?

Wenn mich meine Schüler manchmal gegen Ende der Schulstunde fragen, ob sie ein paar Minuten früher in die Pause dürfen, frage ich zurück, was sie mit der Zeit machen wollen. Sie antworten: »Chillen.« Das finde ich sehr vernünftig.

26. Mai 2022

Der Mond ist aufgegangen

Vor einem Vierteljahrhundert habe ich sechs Jahre lang im französischen Nancy studiert. Es ist eine wunderschöne Stadt, und es war eine sehr schöne Zeit. Oft werde ich gefragt, ob ich nicht mal wieder dorthin zu Besuch fahren möchte. Aber dieses Bedürfnis hatte ich bisher nie. Warum eigentlich?

Kürzlich hat ein alter Freund von mir, der in Nancy wohnt, Bilder von einer Videoinstallation auf dem dortigen Marktplatz auf Facebook gepostet. Es war ein seltsames Gefühl für mich. Wie oft ich damals doch auf diesem Marktplatz gesessen habe.

Ich fühlte mich in Nancy manchmal etwas einsam, auch daran erinnere ich mich. Französische Häuser kenne ich fast nur von außen. Die meisten Freunde, die ich damals hatte, waren Zuwanderer wie ich. Deshalb habe ich die Franzosen wahrscheinlich nie richtig kennengelernt. Ich könnte keinen Text über Nancy schreiben, wo ich so viel Zeit verbracht und mir die Füße wund gelaufen habe – und das ich doch so wenig verstanden habe.

Nancy, ich frage dich: Warum hatten wir nie eine Beziehung? Was stand unserer Liebe im Weg? War ich zu jung, zu flatterhaft, zu uninteressiert? Die Tauben auf deinem Marktplatz können bezeugen, dass ich dich mochte. Ich habe keine Gelegenheit zu feiern verpasst, aber du hast mich nicht in den Arm genommen.

Selbst nach sechs Jahren Studium in Nancy gilt für mich: Das meiste über Frankreich weiß ich aus Büchern, nicht von Menschen. Das ist in Deutschland umgekehrt. Ich hatte vor unserer Ausreise kaum Gelegenheit, mich über dieses Land zu informieren. Aber je mehr ich mit Deutschen spreche, desto mehr verstehe ich dieses Land. Rotenburg hat nicht nur mir und meiner Familie Asyl gewährt, sondern auch meinen Heimatgefühlen.

Jetzt wird mir bewusst, dass sich Deutschland anders anfühlt. In Rotenburg lebe ich jetzt auch schon sechs Jahre lang, aber diese Stadt kenne ich wirklich. Das liegt daran, dass mir hier viele Türen geöffnet wurden und ich hinter die Kulissen blicken konnte. Vielleicht auch, weil wir kleine Kinder hatten, als wir herkamen. Über Kinder lernt man schnell andere Eltern kennen. Hier wurde mir Freundschaft nicht nur von Zuwanderern geschenkt. Auch deshalb taucht der Name der Stadt in unserem Buchtitel auf.

In Frankreich habe ich in sechs Jahren niemals das Wort »Integration« gehört. Hier in Deutschland beschäftigt mich das Thema fast täglich. Wie oft ich hier von Deutschen zu hören bekommen habe: »Wie schön, dass Sie da sind!« Deutsche sind nicht kalt, das ist ein Klischee.

Die arabische Schriftstellerin Ahlam Mosteghanemi sagte:

»Es gibt Städte, in denen wir wohnen. Und es gibt andere Städte, die in uns wohnen. Es gibt Städte, in die wir uns einschreiben. Und Städte, die sich in unser Herz schreiben. Der Schriftsteller wird nicht nur einmal geboren. Er wird so oft geboren, wie er einer Liebe verfällt. Eine Stadt alleine könnte ihn nicht auf die Welt bringen. Er hat so viele Mütter, wie Städte über ihn gewacht haben. Jeder Autor hat eine Stadt, die seine Geburt verantwortet, eine Stadt, die sein Herz trägt, und eine Stadt, die seinen Stift hält.«

Kürzlich haben Gerd und ich einen Workshop in Siegen moderiert. Im Siegerland stürmte und regnete es heftig. Auf der Rückfahrt nach Norddeutschland beruhigte sich das Wetter etwas. Nach dem Regen kam die Sonne. Abends, als es dunkel wurde, leuchtete uns ein wunderschöner Vollmond, der mittig über der Straße stand, durch eine wolkenlose Nacht. Gerd saß neben mir und sang beim Fahren »I Still Have Faith In You« mit. Ich filmte unsere Fahrt auf der schnurgeraden Landstraße unter der gelben Himmelsscheibe mit den perfekt aufgeräumten Grünstreifen auf beiden Seiten, als wir nach Rotenburg hineinfuhren. Wir waren erschöpft, aber zufrieden. Es war ein besonderer Moment, für uns beide. Für Gerd, weil er gerne ABBA hört, für mich, weil ich Vertrauen zu diesem Land gefasst hatte. Für uns beide, weil wir Verständnis füreinander empfanden, obwohl wir aus so unterschiedlichen Kulturen stammen. Danke, Herr Mond! Danke, ABBA! Danke, Straßenmeisterei!

Die arabische Sprache ist manchmal herrlich blumig. Wenn wir einen lang ersehnten Besuch empfangen, sagen wir in Syrien zur Begrüßung: »Dieser Mond ist uns lange nicht erschienen!«

4. Dezember 2021

Und sonst?

Muss, danke!

Die Deutschen machen ja meist nicht viele Worte. Wir möchten nun aber doch ein paar Worte des Dankes verlieren an Menschen, die das Entstehen dieses Buches gefördert haben.

Wir danken an erster Stelle Hala für ihr offenes Ohr, ihre Anregungen, ihren wundervollen Kaffee, viel leckeres Gebäck und arabische Gastfreundschaft sowie Ainhoa für ihre Unterstützung, Tipps und viel Geduld. Christina und Cilina wird gedankt für jede Menge Späßchen, Sprüche, Ratschläge, Radschläge und andere Kunststücke sowie die ein oder andere musikalische Einlage.

Wir danken der Sängerin Fairuz ebenso für ihre Lieder wie Karat, Udo Lindenberg und ABBA. Wir danken der KDStV Arminia Heidelberg, dass sie uns nicht haben verdursten lassen, und dem Biermusikus Franz im »Seppl« für die gute Unterhaltung. Der Ärzte- und Pflegerschaft des Diako danken wir für zwei Herzkatheter, gute Pflege und gute Laune. Über das Essen wollen wir nicht sprechen. Wir danken Frau von der Leyen für ihre Antrittsrede, Frau Merkel für ihre Dienstjahre, Herrn Löw und seinen Jungs für einen Versuch, Frau Türeci und Herrn Sahin für ihren Impfstoff und Herrn Spahn für sein gutes Krisenmanagement. Ja, Sie haben richtig gelesen. Wir danken außerdem Samers Fahrlehrer für seine Geduld.

Ein besonders großer Dank geht an die vielen Leserbriefschreiberinnen und Online-Kommentatoren zu unseren Texten. Ohne diese zahlreiche, unterstützende und bestärkende Post wäre unsere Motivation zum Schreiben niemals so lange aufrechterhalten geblieben. Die vielen warmen Worte in den Kommentaren, von denen einige an der Wand in Samers Wohnzimmer hängen, haben unsere Herzen berührt, die kritischen Worte unsere Sinne geschärft.

Unsere SPIEGEL+-Kolumne ist eine der bislang längsten Serien auf SPIEGEL ONLINE, wofür wir sehr dankbar sind. Wir danken deshalb unseren Leserinnen und Lesern ebenso wie den Ansprechpartnern in der SPIEGEL-Redaktion, dass sie uns schon so lange die Treue halten.